Sementes
PARA O
Amanhã

Pelo espírito Candinho

Sementes PARA O Amanhã

Pelo espírito Candinho

Joelci Gentil

1ª edição / Porto Alegre-RS / 2018

Capa, ilustração e projeto gráfico: Marco Cena
Revisão: Bianca Diniz
Coordenação editorial: Maitê Cena
Produção editorial: Jorge Meura
Produção gráfica: André Luis Alt

Dados Internacionais de Catalogação na Publicação (CIP)

S237s Santos, Joelci Gentil dos
Sementes para o amanhã. / Joelci Gentil dos Santos. – Porto Alegre:
BesouroBox, 2018.
148 p. ; 14 x 21 cm

ISBN: 978-85-5527-064-2

1. Espiritismo. 2. Evolução humana. 3. Reencarnação. I. Título.

CDU 130.1

Bibliotecária responsável Kátia Rosi Possobon CRB10/1782

Copyright © Joelci Gentil dos Santos, 2018.

Todos os direitos desta edição reservados a
Edições BesouroBox Ltda.
Rua Brito Peixoto, 224 - CEP: 91030-400
Passo D'Areia - Porto Alegre - RS
Fone: (51) 3337.5620
www.besourolux.com.br

Impresso no Brasil
Abril de 2018

Agradeço a Deus pelas dádivas recebidas nesta encarnação e pela oportunidade de reunir-me com minha esposa, Angelica, e recebermos os nossos filhos, Tatiana, Christian, Tiago e Juliana, para, juntos, em harmonia, trabalharmos o Evangelho com suas chances de felicidade.

SUMÁRIO

Prefácio 13

1. A vida na Terra 15
O desenvolvimento da vida nos planetas obedece aos critérios precisos da Lei Natural para ofertar chances de progresso aos seus habitantes.

2. Abertura de portas 19
O preparo e o conhecimento abrem as portas das oportunidades positivas com maior eficiência. Os fracassos estão ancorados na ignorância e no orgulho.

3. Trabalhemos 22
Os justos herdarão a Terra após receberem a Doutrina do Amor e compreenderem-na como o caminho principal do crescimento espiritual.

4. Canalização do futuro 26
Cada Espírito estaciona no degrau galgado com esforço próprio e dele observa as chances de sucesso com visão alargada. As áreas estudadas do Universo canalizam para um futuro correspondente às escolhas dos homens.

5. Determinações 29
A compreensão é fruto das experiências vividas e haverá de nortear com segurança as caminhadas dos carentes de felicidade

6. SEMENTES E PENSAMENTOS 33
Tais quais as sementes, os pensamentos são plantados e geram frutos; quando replantados, se perpetuam no trabalho consciente dos semeadores.

7. TRABALHANDO O FUTURO 36
O Homem desconhece, ainda, o significado dos sofrimentos e espera pelos milagres divinos. Tentemos visualizar os horizontes apregoados pelo Amor e entenderemos os convites evangélicos.

8. DESPEDIDAS E DISTÂNCIAS 40
O Homem é um ser social, portanto, a convivência em grupo torna-se importante para que os reencontros se efetuem e, por eles, ocorram os acertos espirituais.

9. FORTALEZA 43
A união faz a força, possibilitando ganhos maiores dentro de espaços de tempo menores. A grande massa humana que habita a Terra só será feliz quando uma relevante parcela dela trabalhar seguindo orientações corretas.

10. DEGRAU A DEGRAU 47
Não nos foram prometidas facilidades na trilha da ascensão espiritual. Com determinação e trabalho consciente, venceremos mais rapidamente as tarefas abraçadas.

11. AQUISIÇÕES INTELIGENTES 50
As contas individuais serão cobradas na proporção dos compromissos assumidos. Sabemos dessa realidade, mas não nos preocupamos seriamente com os momentos das aquisições.

12. O DOMÍNIO DOS SENTIMENTOS 54
Os sentimentos criam os campos das emoções, as quais nos revelam ao mundo. Educar os sentimentos torna as emoções equilibradas e harmoniosas.

13. CÓPIAS DO PASSADO ...57
As histórias tendem a ser repetidas até serem amplamente compreendidas e servirem de exemplo para a prática do bem e do mal. As reedições das ações pretéritas serão protagonizadas pelos indivíduos.

14. COMPREENDER AS SITUAÇÕES ...60
Desejamos compreender o todo universal sem nos preocuparmos em estudar as leis básicas que o regem.

15. VISÕES DO CÉU ...63
As explicações das religiões tradicionais criaram a ideia do Céu como um local de ociosidade total. Na realidade, cada um cria o seu Céu em resposta às obras realizadas. Podemos viver esse local na esfera física ou espiritual.

16. COPIANDO O BEM ...67
A proximidade com o bem e com o conhecimento nos faz capazes de entender os convites do sucesso, os quais serão suspensos e adiados no caso de negligência e mau aproveitamento.

17. A TEORIA E A PRÁTICA ...71
Amor e Amar são coisas distintas. Dizer-se cristão ou crer no Amor é ser teórico; praticar o cristianismo ou Amar é viver a realidade.

18. FELICIDADE GRATUITA? ...74
O Homem valoriza pouco os presentes que recebe, dando muita importância a tudo aquilo que adquire com esforço e trabalho. Por isso, a felicidade é fruto das suas conquistas.

19. O AMOR ...78
A prática do Amor é realizada de muitas maneiras. Explicá-lo é quase impossível, senti-lo é reconfortante e vivenciá-lo é muito difícil.

20. PROTETORES ESPIRITUAIS ...81
A vida oferta inúmeros convites, diretos e indiretos, com a intenção de nos direcionar para a verdade ou para a mentira. Os nossos guias espirituais nos trazem as indicações corretas. Agradeçamos a eles.

21. As boas obras 85

Olhando as obras realizadas, poderemos verificar as suas belezas, perfeições e mensagens, sem necessidade de adjetivos ou placas para qualificá-las.

22. Mensagens e mensageiros 88

Devemos entender as origens da maldade, combatendo-as desde as suas primeiras manifestações, tentando alertar e recuperar aqueles que, por indisciplina ou ignorância, lhe servirem de instrumentos.

23. Vencendo a ignorância 92

Os sentidos físicos humanos são instrumentos da alma e facilitam a sua interação com o mundo exterior, possibilitando o domínio dos elementos materiais e espirituais.

24. Sementes do cristo 95

Há dois mil anos, fomos brindados com uma visita física muito importante, que nos deixou as sementes da felicidade para serem semeadas. Ainda não nos apercebemos, no entanto, que a colheita depende da nossa disposição em plantá-la.

25. Mensageiros 99

Todos os homens carregam, no seu mundo íntimo, boas e saudáveis mensagens de união e paz, tendo capacidade de entregá-las a outros corações sedentos de felicidade.

26. Código imutável 102

A justiça dos homens, às vezes, deixa de punir algumas faltas cometidas. Porém, existe outra justiça, a divina, da qual nada escapa e que alcança desde a menor das infrações até o maior dos crimes naturais.

27. Finalidades 105

Toda a Criação obedece aos impositivos da Lei, cumprindo as suas finalidades. O Homem deve colaborar, vivendo em harmonia com a natureza.

28. Auxílios silenciosos 108

A aplicação da Lei Maior nem sempre é entendida pela humanidade, pois tentamos explicar o presente sem ligações com o passado. Mesmo incompreendida, a Lei avalia todas as nossas ações e as aprova ou nos encaminha para as renovações necessárias.

29. Nosso planeta 111

A Terra apresenta todas as condições para oferecer o aprendizado e o crescimento espiritual ao Homem, mas tudo dentro das vontades e dos desejos de cada um.

30. Leituras 114

Devemos estudar com atenção as aparências e as atitudes das pessoas, pois nem sempre demonstramos no rosto aquilo que carregamos no coração.

31. Histórias conhecidas 117

A vida espiritual é a soma das sucessivas etapas reencarnatórias, repetidas constantemente para que o aprendizado seja realizado. As histórias do passado relembram os caminhos positivos e negativos.

32. Família-escola 120

Os grupos familiares oportunizam os reencontros dos Espíritos para administrarem os sentimentos preexistentes, possibilitando o progresso espiritual do grupo.

33. Solidariedade 123

Um mundo mais solidário permite convivências saudáveis, em que todos se ajudam e amparam os que se apresentam carentes.

34. Escolhendo opções 126

A espécie humana necessita ser livre e viver feliz para entender os objetivos da Criação e produzir o progresso geral.

35. OBRAS DIVINAS E HUMANAS 129

Todas as obras, sejam elas divinas ou humanas, seguem os mesmos roteiros: planejamento, desenvolvimento e acabamento. Se os ciclos forem obedecidos, as edificações serão sólidas e bem acabadas.

36. LIBERTAR CONSCIÊNCIAS 132

Os caminhos do bem e do mal se entrecruzam, solicitando atenção redobrada na hora de observarmos os indicativos corretos para a libertação espiritual.

37. SEGUIR JESUS 135

Ele é o Caminho da Verdade e da Vida. Com Ele, abriremos as portas do Paraíso. Sem Ele, a caminhada será terrível, cheia de choros e ranger de dentes.

38. RENOVAR ENERGIAS 138

Os elementos que formam as harmonias materiais e espirituais, na sua origem, podem ser áridos e improdutivos, mas pelas mãos dos homens, a partir de condutas honestas e equilibradas, são transformados em campos de sustentação e renovação de energias positivas.

39. OBSERVAR PARA APRENDER 141

A busca do conhecimento e do entendimento das leis que regem o Universo é constante e possibilita-nos o trabalho eficiente e a consequente aquisição da liberdade.

40. ENCARNAÇÕES E CORREÇÕES 144

As reencarnações nos permitem estudar o passado, trabalhar no presente e acreditar num futuro de grandes realizações

EPÍLOGO 147

PREFÁCIO

Mesmo se utilizássemos todas as palavras conhecidas e possíveis, não conseguiríamos explicar as belezas da imensidão do Universo, mas, com algumas delas, podemos desenvolver ideias sobre trilhas de bem viver nele contidas.

Por meio das palavras, que vencem o tempo, nos convencemos de que somos som ou silêncio, saúde ou doença, calma ou angústia, luz ou escuridão. Elas nos indicam as ações necessárias para nos transportarmos entre aqueles polos opostos e encontrarmos a harmonia e o equilíbrio – sustentáculos da paz.

Se nos faltarem as palavras, certamente estacionaremos nos níveis intelectual, moral e espiritual, independentemente do nosso grau de evolução no momento de seu desaparecimento, pois até os pensamentos dependem delas. Por isso, tentemos utilizá-las com sabedoria, para que cheguem até nós as orientações e possamos nos sustentar sobre elas, que são as bases seguras do progresso natural.

Este livro faz uso equilibrado das palavras e, com simplicidade, busca orientar sobre os caminhos e descaminhos ofertados pelas mais diversas formas de adquirir conhecimentos, desde os textos religiosos até as edições populares das mensagens educativas.

Sementes para o amanhã nada conta de novo, apenas faz uso da comunicação facilitada pela palavra escrita, impressa com tinta fria no papel neutro, para nos direcionar às relembranças dos equívocos cometidos, a fim de que, passando-os pelo crivo da razão, possibilitem visões mais amplas dos campos da experiência humana.

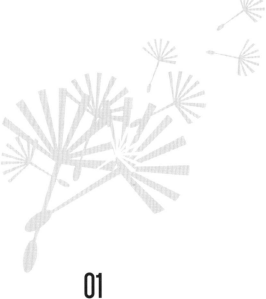

01
A VIDA NA TERRA

O desenvolvimento da vida nos planetas obedece aos critérios precisos da Lei Natural para ofertar chances de progresso aos seus habitantes.

Quis Deus, nosso Pai de bondade e de amor, que o Homem reinasse soberano sobre a Terra, ocupando seu solo fértil, retirando dele a sua alimentação física e todos os materiais capazes de proteger a existência humana, facilitando, também, as pesquisas, as observações, as experimentações que fundamentariam o conhecimento crescente do todo universal na caminhada da ignorância até a perfeição.

Sabemos pouco sobre os primeiros passos dos homens neste valoroso planeta de luzes, mas já entendemos que muitos dos organismos vivos encontrados por aqui tiveram origem em outros orbes e vieram do espaço sideral nos meteoros e na poeira cósmica, em formas embrionárias, esperando longos espaços de tempo, até serem atingidas as exigências naturais para se desenvolverem, cumprindo literalmente os programas divinos, orientados pelas leis universais, que já nos foram apresentados pela espiritualidade.

É muito difícil estabelecer cronologicamente o início das vidas físicas no nosso globo, porque os zeros dos números identificadores dos séculos nos deixariam tontos e abismados demais ao percebermos algo tão antigo e deslocando-se para a imortalidade.

Tanto a vida espiritual quanto a física surgem pela vontade do Criador e são transportadas pelo Universo, também sob as orientações divinas, com a finalidade de alcançarem o objetivo maior: a perfeição. Entretanto, respeitando as leis naturais e imutáveis, os elementos físicos em dimensões infinitamente pequenas transmigram entre planetas, passando por longos períodos de transformações, até receberem as formas naturais de corpos animais, que servirão de instrumentos-moradias, auxiliando-os no crescimento espiritual.

Cumprindo todas as etapas, desde a sua chegada despercebida e invisível aos olhos até atingirem a constituição atual, sob estímulos divinos, muitas falanges de trabalhadores se sucederam até que os corpos chegassem aos ciclos continuados de nascimento, crescimento, regeneração, envelhecimento e morte.

Diversas experiências levadas a efeito aqui na Terra tiveram de ser abandonadas, e muitas outras, repetidas à exaustão para finalmente chegarmos aos tempos das reencarnações humanas como as conhecemos. Os tempos, que demoramos a perceber, são capazes de abraçar as mudanças necessárias e satisfatórias; mesmo cansativamente longos, continuam a acontecer. Durante os estudos sobre a espécie humana, somente no nosso orbe, constatamos enorme progresso funcional dos corpos humanos.

No início, os humanos, denominados primatas, eram bem mais fortes fisicamente do que os nossos contemporâneos, porque as suas necessidades também eram outras; eles viviam como animais irracionais, devendo encontrar alimentos e proteções utilizando seus dotes naturais. Por isso, dormiam ao relento, comiam vegetais e caçavam outros animais, cuja carne era ingerida crua. Tinham pelugem longa cobrindo seus corpos e mandíbulas reforçadas com dentes afiados, entretanto, os volumes dos cérebros correspondiam à metade de um cérebro humano atual. É importante salientar que se orientavam pelo instinto de conservação para sobreviverem.

As encarnações sucessivas proporcionaram-lhes diversas experiências positivas, que foram transformadas em força de conhecimento cumulativo, lançando-os ao progresso irreversível. Hoje, enquanto esticamos olhares sobre as conclusões dos estudos relativos à caminhada do Homem, vencendo o tempo e dominando os espaços da Terra, percebemos as tais mudanças e nos abismamos por tudo aquilo que foi obstáculo vencido e transformado em conhecimento acumulado.

Seremos beneficiados de forma mais concreta se entendermos a história do Homem, impressa nos livros das bibliotecas do mundo todo, como setas indicativas, guiando ao sucesso e à luz. Em uma página de livro, é possível assentar alguns conhecimentos de experiências humanas vivenciadas na Terra durante tempos dilatados e vividos pelas almas que nos antecederam na contagem dos anos.

Cada um está no topo da montanha do conhecimento espiritual adquirido, vivendo no seu momento certo, dentro do grupo necessário para desenvolver o seu trabalho, resgatando suas faltas e fazendo uso do corpo desenvolvido especialmente para o momento presente. Percebamos que tudo converge para o Bem, para o Amor, dentro dos melhores caminhos que a Lei proporciona a cada um, individualmente.

As transformações continuarão a existir. Não resistamos a elas, pois os novos tempos requerem mudanças extremas e urgentes. Elas ocorrerão até que todos os Espíritos do Universo atinjam altos níveis de perfeição moral.

Existirá uma pré-determinação de tempo para que isso ocorra? Levando em consideração a quantidade de zeros acrescidos aos números identificadores dos séculos passados e o progresso moral e espiritual alcançado pela humanidade desde o início de tudo, podemos esperar que mais uma grande série de zeros seja acrescentada na contagem dos séculos futuros.

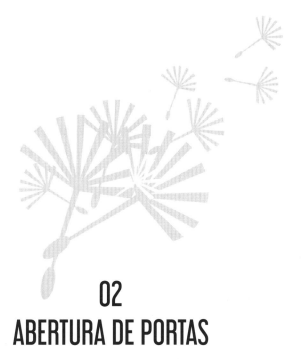

02
ABERTURA DE PORTAS

O preparo e o conhecimento abrem as portas das oportunidades positivas com maior eficiência. Os fracassos estão ancorados na ignorância e no orgulho.

A cada degrau galgado no conhecimento e na compreensão da Verdade, se abrirão novas portas, proporcionando melhores visões de horizontes mais dilatados e nítidos. Buscando explicações persuasivas dos fenômenos envolventes das nossas existências, acabamos alcançando entendimentos mais claros dos ambientes e situações cotidianas. É imprescindível adquirirmos melhores conhecimentos das leis e dos sistemas, os quais nos apoiam e embasam os julgamentos com correção e imparcialidade. Por isso, a sede de saber nos faz dinâmicos pesquisadores das origens dos acontecimentos.

Para enfrentarmos, com possibilidades de sucesso, qualquer empreitada, seja ela pequena ou gigantesca, precisamos de um mínimo de compreensão a respeito daquilo que estudamos. Todo fracasso se inicia no descaso e no despreparo para com a vida, somados às fugas e à preguiça. Precisamos de equilíbrio moral, físico e espiritual, para que a vida se desenvolva dentro da normalidade sonhada e nos direcione aos bons plantios, com ótimas colheitas.

As palavras são sempre as mesmas; os chamados, também, porque as vidas serão avaliadas a partir de idênticas escalas de valores e medidas. A Lei Divina, imutável e precisa, consolidada através dos milênios, é também inflexível e eterna, porque só assim conseguirá nos dirigir até a perfeição. Não tenhamos a falsa ideia de que a Lei se abaterá sobre nós por imposição superior. Antes, acreditemos com fervor: ela será implantada na Terra quando a aceitarmos livremente.

A bondade divina não tem pressa nem atropela as vontades humanas. Se o desejo de alguém é saltar no espaço vazio de um precipício, mesmo conhecendo o resultado da má escolha, assim ocorrerá naturalmente, porque o livre-arbítrio é a sabedoria de Deus em nós.

Neste caso, o pobre infeliz, ignorante da Lei de Ação e Reação, esteve entregue ao "azar" de ter nascido e permanecido num campo de provações desesperadoras? Não! Antes de seu ato derrotista, recebeu as oportunidades de observar, mesmo superficialmente, as experiências de outros sofredores iguais a si que tiveram fé,

Sementes para o amanhã

suportando com resignação as lições ofertadas pelas dores, até se tornarem fortes trabalhadores e defensores da vida.

Ademais, entregou-se, em pensamentos, àqueles Espíritos também sofredores, que se comprazem com os tormentos alheios, e bloqueou-se totalmente às investidas amorosas dos orientadores espirituais, os defensores da humanidade. O Pai jamais abandona à própria sorte qualquer dos seus filhos amados, mesmo se estes se tornarem ingratos e maldizentes.

"Conhecereis a Verdade e a Verdade vos fará homens livres", anunciou Jesus, com paciência e carinho. Então, a busca pela Verdade deve ser a preocupação constante, e a sua divulgação, a missão urgente dos esclarecidos.

Teremos chances reduzidas, horizontes acanhados, poucas portas abertas para a alegria e a felicidade se a humanidade continuar na teimosia de aguardar a salvação divina. Cada um salva a si mesmo conhecendo os caminhos da salvação, que se iniciam na compreensão, aceitação e prática da verdade libertadora das consciências.

Tenhamos fé e trabalhemos com coragem redobrada.

03
TRABALHEMOS

Os justos herdarão a Terra após receberem a Doutrina do Amor e compreenderem-na como o caminho principal do crescimento espiritual.

Crer no poder do Amor é abrir portas à sua prática benevolente e envolver-se nos propósitos sérios das existências humanas, atribuladas e cheias de oportunidades de compreensão das leis imutáveis, superiores e nobres.

Os Espíritos, apesar da elevada quantidade de avisos, alertas e dores cruciantes que tentam acordá-los da letárgica ignorância, apenas perceberão os pesos qualificados dos seus erros e equívocos quando forem alcançados pelas consequências decorrentes das suas escolhas.

Dói em demasia a visão das situações desagregadoras dos grupos familiares, em que as bênçãos dos reencontros são atropeladas pelos desatinos, pela violência desenfreada e pelas fugas que atrasam o equilíbrio dos campos sentimentais, retardando as possibilidades pré-condicionadas de perdão e rearmonia grupal.

As manifestações emocionais – ações humanas – retratam fielmente os pensamentos e os sentimentos filtrantes das situações. Muitas oportunidades, cansativamente buscadas na existência espiritual, são descartadas com naturalidade, tão equivocados estão os requerentes de paz interior, cegos pelos anseios de poder, pelas práticas de inveja, egoísmo e vaidade.

O Homem não suporta a exposição das suas feridas mais profundas, situadas na alma imortal, pois se sente apequenado quando lhe sangram as chagas geradas pelo uso dos sentimentos equivocados, negativos e prejudiciais. Enquanto encarnado, ainda consegue, por algum tempo, esconder-se no corpo denso, do qual faz instrumento das vontades, dos devaneios e fugas das realidades espirituais. Porém, as manifestações adoentadas da mente desequilibrada, mesmo sendo habilmente administradas, mais cedo ou mais tarde, se mostrarão em essência, pois as leis não serão burladas sem as correções necessárias e os seus responsáveis responderão pelas desarmonias criadas nos campos íntimos ou externos.

Gostaríamos de ter um planeta de paz eterna, mas como chegaremos a este estado sonhado, que nasce na união das vontades nobres, se a maioria massacrante dos Espíritos que gravitam a Terra está, ainda, distante dos níveis da compreensão evangélica? São equivalentes aos estudantes iniciais das ciências das letras e dos números, dos quais não devemos cobrar leituras corretas nem cálculos complexos.

Os tempos correm incontinentes, inexoráveis, oportunizando as transformações daqueles que atendem aos requisitos naturais da legislação divina e se lançam ao trabalho de correção das suas imperfeições, aproveitando as chances ofertadas a todos.

A minoria, nesta fase de transição planetária, vislumbra, com segurança, alegria e confiança, a promoção do início da felicidade terrena. Como lembrou o nosso amado mestre Jesus há dois mil anos, "a felicidade não é deste mundo", mas, seguindo o rumo do progresso, a humanidade terrestre, ou parte considerável dela, fez por merecer este alvorecer de alegrias e sorrisos. As dores não nos deixarão ainda; igual ao parto de um novo ser, serão potencializadas, maximizadas, para marcar de forma inesquecível os júbilos do nascimento de um novo tempo de saudáveis transformações, amplamente aguardado.

Agradeçamos se os nossos esforços nos permitirem permanecer na psicosfera deste amado e agredido planeta. Entretanto, na impossibilidade de permanecermos com os justos, com os bem-aventurados e se recebermos convites para mudarmos as nossas residências espirituais, sejamos humildes para aceitarmos o fato de não termos aproveitado as ofertas do Amor de forma correta, nem havermos trabalhado de acordo com os indicativos milenares, que nos ensinavam a plantar e colher merecidamente.

Existirá ainda algum tempo – bastante exíguo, é verdade – para alguns semeadores, em caráter de urgência, lograrem as fartas colheitas que lhes permitirão a grande travessia, junto aos que já se habilitaram ao novo Plano.

O Pai amoroso não abandonará nenhum dos seus filhos queridos, desde que estes desejem permanecer entre os irmãos da humanidade terrena e o demonstrem por meio dos seus pensamentos, palavras e atos.

04
CANALIZAÇÃO DO FUTURO

Cada Espírito estaciona no degrau galgado com esforço próprio e dele observa as chances de sucesso com visão alargada. As áreas estudadas do Universo canalizam para um futuro correspondente às escolhas dos homens.

Para conseguirmos solucionar uma equação simples, basta termos o conhecimento básico capaz de nos possibilitar o entendimento do seu enunciado e aplicarmos as leis e as fórmulas pertinentes ao problema. Quando as incógnitas se tornam mais complexas, os níveis de conhecimento dos sistemas de cálculos deverão estar em patamares mais elevados, para alcançarmos as soluções possíveis para os questionamentos. Os problemas de cálculos matemáticos serão resolvidos de acordo com as

Sementes para o amanhã

chances ofertadas pelas ciências exatas, a fim de chegarmos aos resultados precisos.

As complicações, sejam elas no âmbito das ciências exatas ou das ciências humanas, hão de requerer conhecimentos particulares, relativos às áreas específicas, para serem compreendidas e, posteriormente, resolvidas com sucesso. Cada campo do conhecimento humano carrega uma gama de possibilidades de entendimento que será ativada, dentro da especificidade do assunto abordado, por estudiosos atentos.

Torna-se bastante difícil, pois, alguém conseguir dominar todas as informações relativas à área das ciências naturais. Por isso, cada um opta por determinado assunto dentro do amplo laboratório universal, escolhendo aquele que o conduzirá em segurança ao progresso e à satisfação pessoal.

Sabemos, de acordo com as orientações divinas, que "tudo está em tudo", havendo um encadeamento perfeito e equilibrado entre os elementos constitutivos do Universo. Existem interdependências desde o micro até o macro, obedecendo rigidamente à lei de estabilização total cósmica. Logicamente, existem pequenas tolerâncias nas variações dos valores dos elementos interdependentes, mas nada permanente, que impeça o retorno às características originais e comprometa a beleza dos sistemas.

Vivemos dentro dessas harmonias, fazendo parte delas e, às vezes, colaborando diretamente para os desajustes mínimos dos nossos ambientes domésticos. Quando isso ocorre, por descuido ou descaso humano, as próprias leis universais operam, reagindo ao desconserto causado, buscando de imediato a rearmonia do conjunto. Conhecemos a Lei de Ação e Reação, mas não percebemos diretamente a sua aplicação. Somente quando as nossas agressões são de grande importância e nos causam dores e aborrecimentos, notamos algo errado nos nossos ambientes e caminhos. Buscamos, de imediato, explicações e soluções para nos afastarmos dos pesados locais de agruras, agindo assim de forma inconsciente, como agentes de recuperação dos locais desarrumados anteriormente. "Aqui se faz e aqui se paga" é uma lei pouco entendida, porém largamente aplicada no cotidiano.

Para solucionarmos o enorme problema chamado infelicidade, urge conhecermos as leis que nos permitirão combatê-lo e anulá-lo. As leis à disposição de todos são: Lei de Ação e Reação e Lei de Causa e Efeito, em que ações e causas equilibradas darão sequência à harmonia do conjunto universal e o contrário criará desassossego e quebra na continuidade da Paz.

Logo, o Homem pode e deve ser feliz, bastando para isso estudar, compreender e colaborar com este organismo vivo do qual faz parte, chamado Universo, mantendo-o em equilíbrio constante.

05
DETERMINAÇÕES

A compreensão é fruto das experiências vividas e haverá de nortear com segurança as caminhadas dos carentes de felicidade.

Creiamos em tempos melhorados pelas ações dos homens, porque somente a vontade humana movimentará forças suficientes para permitir as modificações das situações de angústias, criadas pelas nossas próprias atitudes espirituais.

Quando os dias de sofrimentos nos visitam as existências, creditamos à Lei Maior todas as circunstâncias que nos colocaram em rota de colisão com tais dissabores.

Se estivermos envoltos pelas brumas da vaidade e do egoísmo, não nos ajudarão os exemplos nem os conselhos dos mais experientes trabalhadores da seara do Amor, que apontam a segurança dos caminhos nivelados pelas dores e consequências dos seus equívocos.

A vida em sociedade ou em família não deve ser semelhante a competições, nas quais alguns vencem e outros perdem. Dentro desse pensamento e a partir da sua prática, caberão somente momentos de entrechoques das paixões desequilibradas, resultando em desfiladeiros de lágrimas e lamúrias. As paredes dos desfiladeiros que circundam estas verdadeiras arenas de combate dos baixos instintos, naturalmente minam as possibilidades de os sentimentos voarem mais alto, porque os desavisados lutadores não reservam forças nem atenções para olhar para cima, tão envolvidos estão nas redes das silenciosas influências dos desafetos visíveis e extrafísicos.

Vigiar os pensamentos já nos foi solicitado pelo próprio Jesus, anotado pelos evangelistas e largamente divulgado nas reuniões sérias voltadas ao estudo do passado da humanidade.

A paciência no estudo das máximas cristãs não é uma virtude muito cultivada pela humanidade, que prefere comer o pão mesmo antes de o trigo ser moído e preparado para ser assado. Gostamos do imediatismo, da resposta rápida, do futuro pronto, porém algumas situações necessitam de tempo de preparo, adequação e maturação natural. A própria vida, no corpo animal, respeita seus ciclos naturais de crescimento do vaso físico, da capacidade de pensar, do desenvolvimento das forças vitais e, principalmente, do amadurecimento espiritual. Só então o Homem, de posse do seu novo caráter, desenvolvido pela educação social – ofertada etapa a etapa –, confrontará suas antigas realidades espirituais e iniciará suas experiências práticas, norteadas pelo seu livre-arbítrio. Não nos esqueçamos, porém, da demanda do tempo, que será sempre em nosso favor, possibilitando a reunião das sementes plantadas nas escolhas individuais.

De nada adiantarão as orações recheadas de belas e numerosas palavras se elas não partirem dos sentimentos bons e verdadeiros. Se realmente desejarmos modificar os caminhos da humanidade, deveremos trabalhar com determinação e constância no sentido de alcançarmos tal objetivo.

Às vezes, ouvimos dos nossos irmãos descrentes que lhes faltam forças, condicionamentos e méritos para desenvolverem as ações salvadoras dos homens e do planeta, pois são fracos, sem estímulos e imperfeitos diante dos impositivos da Lei. Lembremos que a Terra é, ainda, um mundo de aprendizado por meio das dores e, nela, não existem Espíritos perfeitos encarnados. Estes não necessitam mais das sofridas reencarnações, entendem o Cristo e já trabalham com Ele, pelo prazer de nos auxiliarem nestes caminhos de incompreensões e imediatismos, nos quais perdemos os rumos da felicidade ao desconsiderarmos as leis. Todas as complicações afloradas nos caminhos dos Espíritos são construídas pelos próprios homens, que muito reclamam e pouco fazem para erradicar os obstáculos que lhes tolhem a liberdade e os passos seguros na direção da felicidade.

A Terra é, para nós, os seus habitantes, a melhor e mais adequada escola, tendo exatamente as dimensões das necessidades de cada um. Façamos a nossa parte, iniciando por descobrir os melhores caminhos que poderão levar à Verdade e nos elevar na escala de ascensão espiritual. Descobriremos, como outros já o conseguiram, que todos os caminhos do crescimento espiritual passam pela Verdade e são cobertos pelo Amor.

Os desejosos de elevação espiritual poderão aceitar, com humildade e gratidão, as máximas cristãs, aplicando-as em si antes de receitá-las e cobrá-las dos outros. Somos propagadores da paz no caminho para o Criador, esperando pelos milagres que são os frutos das nossas sementeiras. A união em torno dos enunciados evangélicos nos permitirá desenvolver, com maior velocidade, o progresso espiritual do planeta.

Sem pressa: Preparação, Etapas, Confiança e Trabalho.

Podemos orar, confiar e trabalhar individualmente, mas é bem mais produtivo o trabalho em equipe. Se corretamente orientado, produz com grande eficácia.

A colheita sempre ocorre no seu tempo certo.

06
SEMENTES E PENSAMENTOS

Tais quais as sementes, os pensamentos são plantados e geram frutos; quando replantados, se perpetuam no trabalho consciente dos semeadores.

Todos os dias são próprios para as colheitas, indicados e orientados aos novos plantios. As sementes, sempre bem escolhidas pelos semeadores atentos, gerarão frondosas árvores, que hão de vergar os seus galhos sob o peso da produção farta e saborosa. Cada grão germinado produzirá uma quantidade de frutos, e estes, consumidos como alimentos, libertarão novas sementeiras, para perpetuar a colheita das novas safras. Assim também se comportam os pensamentos, pois, quando corretamente semeados, produzem, em progressão geométrica, novas e rápidas aglomerações de enunciados elucidativos quanto às direções a seguir.

Os sinais são visíveis em toda a trajetória humana, iniciando pelos desenhos rupestres, passando pelas camadas geológicas, até os inúmeros símbolos formadores dos idiomas escritos. Quando conseguimos desvendar tais sinalizações, elas nos detalham os costumes, religiões, culturas e histórias dos povos daquelas eras.

Podemos sentir uma direção segura dentro dos segmentos proporcionados pelas diversas épocas, sendo percebido um movimento superdinâmico e crescente nessas mensagens pretéritas. Porém, isso ocorre quando o Homem se debruça sobre o passado para recolher resquícios das sementes e obras deixadas na história do crescimento da espécie humana.

Talvez consigamos tempo e atenção para trabalharmos dentro de critérios rígidos, a fim de encontrarmos as tantas respostas capazes de emendar a corrente da compreensão humana, recolocando nos seus devidos lugares as respostas perdidas por descuidos e distrações.

O elo da evolução das espécies está inserido nos questionamentos dos homens, consumidos pela pressa insana de domínio geral. Buscamos a conquista do todo, sem nos preocuparmos com o domínio do pouco, tão importante para o conjunto do qual fazemos parte. Devemos seguir- isto é inquestionável – do simples para o complexo e do fácil para o difícil.

Será impossível a vida saudável e equilibrada sem alicerces resistentes para mantê-la. Igual a toda e qualquer construção, as fundações que lhe sustentam ficam

Sementes para o amanhã

escondidas nos subníveis do terreno sobre o qual se ergue a obra. Nosso terreno firme e seguro, no qual se abrigam as fundações concretas das obras, chama-se passado. Nele, devemos observar as condições que nos sustentam, estudando-o com juízo crítico como a calma, o equilíbrio e a razão norteadora.

O dia de hoje, o presente, é o tempo de semeadura alegre, porque sabemos muito sobre como e onde plantar o futuro. As nossas raízes espirituais e a nossa inteligência impedirão, se assim o desejarmos, os fracassados plantios, desde que trabalhemos com prudência e humildade.

A História é o livro aberto do passado para ser lido, avaliado e compreendido como um manual de instruções para a criação de um futuro de alegrias e paz. Olhemos a história, copiando seus exemplos criativos e belos. Rechacemos dela os indicativos de matrizes do desequilíbrio e do sofrimento.

A escolha das sementes é nossa; a colheita, também. Diz a lei: "A cada um conforme o seu plantio".

07
TRABALHANDO O FUTURO

O Homem desconhece, ainda, o significado dos sofrimentos e espera pelos milagres divinos. Tentemos visualizar os horizontes apregoados pelo Amor e entenderemos os convites evangélicos.

Ah, amigos, se pudessem imaginar o bem produzido pelo sofrimento, não mais haveria revoltas e acusações vãs de que a justiça divina não é imparcial e equilibrada!

Agir sob os impositivos das emoções descompensadas para tentar explicar os dissabores encontrados pelo caminho é igual à ação de atravessar um rio profundo e caudaloso sem saber nadar.

Conseguimos explicar e aceitar as situações pelas quais passamos quando compreendemos as circunstâncias que envolvem tais problemas, pois, sem o entendimento

Sementes para o amanhã

dos pequenos elementos constitutivos, jamais conceituaremos corretamente o todo preocupante.

Lancemo-nos, de imediato, na busca das direções expostas pelo Evangelho e pelos demais sistemas diretivos, baseados exclusivamente no amor celestial, os quais jamais apagam as suas luzes aos desnorteados. Tornemo-nos bons filhos, escutando com atenção e simpatia os conselhos dos sábios orientadores das massas humanas, apreciando o amor doado pelos nossos pais terrenos por meio das repetições das palavras do Cristo e dos seus exemplos de abnegação total. Quem não observa com cuidado as diretrizes apresentadas pelos seus pais haverá de descobri-las por muitos outros métodos, às vezes bastante desagradáveis e doloridos.

Sabemos que a Terra é um local de resgates e provações, onde a dor representa um tipo de sentença aos equívocos cometidos, mas compreendemos também que as escolhas pelo amor e pela disciplina substituem, com ganhos excepcionais, tanto a dor quanto os resultados dos erros cometidos. Desejar a felicidade, mesmo por breves instantes, representa o despertar de todos os homens em meio aos turbilhões de dores e desassossego, sendo interessante, nesses pequenos espaços de lucidez, explicar-lhes, com simplicidade e convicção, que dependem tão somente deles as escolhas dos caminhos corretos.

As dúvidas enxameiam as nossas certezas, fazendo-nos tristes e desesperançados, ainda que tenhamos o Cristo como companheiro diário. Isso ocorre com grande frequência até entre aqueles que abraçam a missão de explanar o Evangelho. Por isso, é urgente aplicarmos as máximas cristãs nas ações visíveis e sermos os exemplos vivos das nossas crenças e da fé abraçada.

A humanidade, teimosa, acredita, mesmo nestes tempos de tantas informações e exemplos materializados, nos milagres divinos, tão difundidos durante os séculos de ocultação das verdades absolutas por grupos de beneficiados com a ignorância e com o desconhecimento do Deus-Amor. Cremos piamente na luz divina, iluminando todas as mentes e alimentando corretamente os sentimentos, propiciando, logo, logo, o despertar da família terrestre, estabelecendo o reino da simplicidade de forma harmônica e gradual. Nesses tempos porvindouros, o Cristo será melhor interpretado e relembrado como um irmão mais experiente nas lides espirituais, tentando dividir conosco os frutos do seu amor e da sua amizade celestial.

Somos convidados ao banquete das alegrias, em que os doadores de saúde e harmonia empregarão com maior vigor as suas ferramentas de trabalho, conhecidas como sentimentos, e demonstrarão aos carentes, com carinho, a urgência em formarmos grupos conscientes de semeadores da paz. Essas lembranças são todas milenares, mas nem todos os ouvidos conseguem identificar nelas os sons dos sinos da felicidade futura, e nem todos os olhos estão focados nas figuras, nos símbolos e exemplos práticos que circundam seus passos.

O tempo vertiginoso e voraz escasseia. A tudo consome, com ganância, pois, inexorável, cumpre o seu roteiro de dobrar-se sobre todos os ocorridos temporais, deixando fluir para o futuro os frutos e os resultados das semeaduras e das ações desenvolvidas.

Os bilhões de Espíritos formadores da humanidade terrestre entrechocam-se material, moral e emocionalmente, a fim de se ajustarem à Lei Maior e aprenderem a conviver harmonicamente, em nome da paz universal.

Haverá um tempo em que todos os sentimentos terão origem no Amor, em que não mais ouviremos reclamações sobre os sofrimentos e perceberemos as dores instaladas nas lacunas onde o Bem não foi devidamente acomodado. As maiores obras dos homens foram alicerçadas no Amor, e os piores desastres iniciaram na sua ausência. Apressemo-nos, pois, e arranjemos um cantinho para as boas sementes do Amor nos nossos corações, que germinarão e produzirão o Plano Regenerativo terreno.

08
DESPEDIDAS E DISTÂNCIAS

O Homem é um ser social, portanto, a convivência em grupo torna-se importante para que os reencontros se efetuem e, por eles, ocorram os acertos espirituais.

As despedidas são carregadas de emoções e originam ambientes de tristeza todas as vezes em que ocorrem entre afins.

Temos consciência de que fomos criados para conviver fraternalmente, atendendo a finalidade de crescermos com as dádivas ofertadas pelas experiências do convívio.

Todos os momentos serão propícios, todas as horas, convenientes ao melhoramento das nossas possibilidades criativas se entendermos a necessidade de desenvolvermos a vontade de observar quais conclusões das lições diárias poderão nos tornar esclarecidos.

Cumprimos com os deveres indicados pelos mestres e assim agimos, dentro das convenções lógicas, apenas para nos livrarmos logo das obrigações normais. Bastará, para construirmos o básico e atingirmos altos níveis de satisfações, apenas atender protocolos?

Se as ambições forem modestas, gerarão sonhos acanhados, fáceis de concretizarmos, e só alcançaremos patamares também pequenos, da mesma estatura das crenças. A arte de nos contentarmos com pouco ou com muito vale para todos os valores, sejam materiais ou espirituais. Assim, contamos com a força adquirida na soma dos elementos formadores dos conjuntos.

Os grupos são fortalecidos pela união dos propósitos abraçados por todos que fazem parte da equipe de trabalho. O número de participantes dos agrupamentos também tem o poder de fortalecer ou enfraquecer o conjunto. Contudo, deveremos ter a atenção voltada aos objetivos a serem alcançados, sem que o foco principal seja perdido pela maioria dos componentes do grupo.

Somos, respeitando-se as qualidades, características e forças de cada um, colaboradores importantes e indispensáveis ao desempenho positivo do todo, aspirando ao sucesso. Destarte, diante da importância que cada um tem na equipe de trabalho, cedendo as suas potencialidades em favor do todo uniforme, ninguém deveria se afastar do seu posto de trabalho para buscar outros destinos.

Vivemos essa situação, normalmente, inconscientes dela, e, por isso, demonstramos tanta angústia e tristeza na hora das despedidas. Talvez por nos sentirmos enfraquecidos com o afastamento daquele viajante, as emoções aflorem com tanta facilidade.

Quantos mais optarem pela continuidade dentro do mesmo grupo, maiores as chances de todos se compreenderem, resgatando as consequências das situações e dos momentos constrangedores praticados no passado. A vida é rica de encontros, desencontros e fugas, existindo entre tais situações as emocionantes despedidas. Estas sempre nos fazem questionar: porque não conseguimos permanecer próximos? Uma das respostas aceitáveis é a de que ainda não conseguimos as sintonias mínimas, necessárias às convivências, propiciadoras de progresso e crescimento no campo dos sentimentos.

Na verdade, as despedidas oficializam apenas os afastamentos pessoais, impossibilitando a convivência, o intercâmbio das experiências naturais e os resgates imediatos das almas. Porém, somos informados de que, se e quando houver necessidade, os reencontros ocorrerão, permitindo crescimento e progresso espiritual. Desse modo, todos atingiremos o objetivo de nos unirmos pelas práticas do amor universal, sem a necessidade das tristes despedidas.

09
FORTALEZA

A união faz a força, possibilitando ganhos maiores dentro de espaços de tempo menores. A grande massa humana que habita a Terra só será feliz quando uma relevante parcela dela trabalhar seguindo orientações corretas.

Tentemos compreender a diferença entre atividades úteis e esforços desperdiçados, a fim de evitarmos o desgaste de energias nas ações desnecessárias.

As forças físicas devem ser utilizadas dentro de critérios acertados e servir de extensão aos pensamentos criadores, tanto nos momentos de paz quanto nos confrontos individuais. Nas orientações espirituais, encontramos as diretrizes harmônicas e as instruções equilibradas, capazes de auxiliarem no desenvolvimento das tarefas abraçadas e nos capacitarem como artífices melhorados das obras fraternas, que dependem da colaboração coletiva.

Grandes contingentes tornam possíveis imensas construções, sejam materiais ou espirituais, mas isso se houver interações verdadeiras de forças físicas e mentais. Os conjuntos, repetimos, são fortes pela união dos propósitos reais, sendo, portanto, imprescindível que todos os integrantes dos grupos de ações conjuntas, ou a maioria deles, estejam conscientes do objetivo a ser alcançado e trabalhando para tal.

Tentando elevar esse raciocínio para uma escala mundial, percebemos a humanidade desperdiçando as suas energias na busca do objetivo natural; a felicidade, porém sem critérios lógicos, com cada um cuidando e atendendo seus interesses individuais. Entendamos logo que: "Ou o Céu será para todos, ou para ninguém". Como conseguiremos ser felizes sozinhos num mundo de esfomeados e miseráveis físicos e morais? Existirão espaços paradisíacos povoados de sofredores e ignorantes de toda espécie, solicitando-nos alimentos para o corpo e a alma? Será essa a visão da felicidade com a qual sonhamos?

Certamente, as visões de calma e satisfação geral da população da Terra haverão de nos inspirar, diferentemente da ideia de sermos felizes sozinhos, e, finalmente, nos induzir o pensamento de coletivo harmônico.

Fomos criados para viver e aprender em grupos sociais, nos quais observaríamos os artigos da lei natural

Sementes para o amanhã

e, com os trabalhos cooperativos, desenvolveríamos as nossas aptidões. Ao recebermos e praticarmos os nobres convites evangélicos, faríamos nascer nossos vínculos com o amor divino, essa força magnífica e invencível, generosa e paciente.

Mas como ter tempo para o desenvolvimento das observações necessárias e o engajamento no trabalho se o egoísmo nos insufla o ego, fazendo-nos pensar como indivíduos isolados, adversários em lutas que queremos vencer para receber os prêmios sozinhos? A sede de conquistas nos acompanha desde o início da vida, quando lutávamos pela sobrevivência física e pela defesa das nossas aquisições. Porém, hoje, podemos substituir a palavra luta por trabalho, pois não existem mais aqueles inimigos físicos ferozes e externos tentando nos derrubar.

O que causa demasiadas preocupações ao Homem são as suas emoções intempestivas, causadoras das tantas diferenças de pensamentos e opiniões, pois o seu campo dos sentimentos, no qual são filtradas as agressões recebidas, está em desarmonia e distante dos valores evangélicos. Aproximemos os nossos filtros sentimentais do Evangelho, e eles passarão a purificar as emoções, pelas quais nos manifestaremos e nos faremos visíveis no mundo exterior, quando passaremos a conjugar o verbo amar na primeira pessoa do plural.

Esse trabalho inicia na conscientização e na necessidade da cristianização ou prática efetiva das ações amorosas e justas por toda a humanidade. Agindo com humildade e educação, aceitando as diferenças que nos qualificam, será possível a criação de numerosos grupos de obreiros da paz universal, nos quais todas as energias divinas a nós confiadas serão plenamente utilizadas, sem as perdas inúteis e incompreensíveis das ações pretéritas. Os tempos atuais não nos concedem tantos espaços para erros grosseiros quanto os do passado, época na qual vivíamos a infância espiritual e as primeiras experimentações materiais. Temos aprendido, tais quais os lapidadores de pedras raras, que cada ação tem a potência do buril, pois nos livra das grotescas cascas da ignorância, expondo novas faces, permitindo-nos refletir as luzes divinas, adormecidas no nosso interior desde que fomos criados.

Não esqueçamos: Deus confia em nós tanto quanto confiamos Nele. Procuremos usar com eficiência os indicativos evangélicos e não gastemos as energias em futilidades. Sejamos solidários e a tendência será crescermos com vigor potencializado para, mais cedo do que o previsto, participarmos do banquete da felicidade.

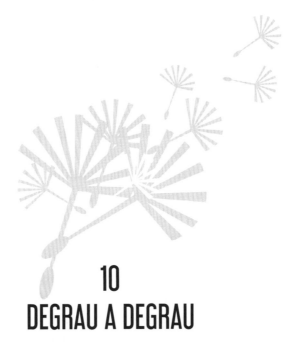

10
DEGRAU A DEGRAU

Não nos foram prometidas facilidades na trilha da ascensão espiritual. Com determinação e trabalho consciente, venceremos mais rapidamente as tarefas abraçadas.

Insensato é o homem que senta, a cada momento, nos degraus da escada de acesso aos níveis superiores, por onde deverá transportar, com coragem e determinação, a carga a ele confiada. Quanto maior o tempo perdido durante as pausas para os pequenos descansos desnecessários, maior haverá de ser a angústia, o cansaço e o desânimo. Crendo nos seus potenciais e no sucesso da empreitada confiada pelos superiores, sua subida, degrau a degrau, será lenta e progressiva até o topo, onde poderá respirar com alivio, agradecer pelo trabalho e ter o merecido repouso.

A ocupação natural pelo trabalho, além de nos manter focados em algo útil, nos permite questionar os mecanismos de que fazemos parte, com os quais colaboramos e que tanto nos ajudam a progredir material e espiritualmente. Cada etapa do trabalho nos ofertará uma experiência para enriquecermos nossas mentes, nossas ações e nossos reflexos. Ao repetirmos as ações por diversas vezes, criamos alguns hábitos saudáveis para melhor utilizarmos as nossas energias e nos capacitamos a trabalhar com maior rapidez e mais eficácia.

Em todos os convites recebidos, constarão o tipo de trabalho, as exigências de aptidão, o tempo para a sua realização e o salário compatível com as tarefas. Quando os aceitamos, estamos cientes de qual técnica ou ciência aplicaremos para melhor atingirmos as metas estabelecidas. Então, preparados ou não, realizaremos os serviços que dizem respeito ao convite, com maior ou menor presteza, qualidade e esforço. Cada vez em que alcançarmos o ápice ou a conclusão da tarefa, nos restará, além do salário combinado, todo o conhecimento extra adquirido junto aos outros trabalhadores.

Por isso, o ócio já era condenado no seio de alguns povos antigos, mesmo sem questionarem o viés filosófico e os valores da utilização da ocupação do pensamento e da força física. Hoje, bastante questionadores, sabemos das benesses oferecidas pelas atividades naturais atribuídas à espécie humana, que nos permitem continuar na busca das nossas origens e na compreensão do nosso futuro.

Sementes para o amanhã

O trabalho pode ser definido como um espaço mágico que aciona fases pretéritas da caminhada universal em que tudo se perpetua, tal quais os frutos das experiências vividas e adormecidas no nosso inconsciente. Basta ativarmos situações idênticas às experiências passadas para aflorarem algumas soluções positivas e benéficas relativas ao programa revivido.

As ciências que desvendaram os elementos e as leis do Universo são as mesmas em todos os tempos, e cada nova etapa compreendida complementa o conhecimento anterior. Assim, chegamos ao domínio de boa parte dos elementos químicos, facilitando algumas áreas de trabalho, em que os usamos com sabedoria e nobreza.

Quando a ciência ou os seus conhecimentos são indevidamente utilizados por mentes confusas e maldosas, as consequências são tristes para todos. Por isso, utilizamos o Evangelho como referência e divisor de águas quando tentamos explicar a atuação das forças do pensamento. Elas atuam para o bem e para o mal, causando harmonias ou descrenças e dores. Então, chamamos novamente o Evangelho, a Lei de Deus, e temos a explicação precisa sobre a utilização dos conhecimentos e dos espaços, para crescermos trabalhando com nobreza.

A pressa em chegarmos ao andar de cima dependerá das convicções de cada um, as quais podem ser enriquecidas com exemplos e convites bem elaborados na simplicidade do amor divino. As escadas são íngremes, longas e difíceis de serem vencidas, porém o trabalho é sagrado e diviniza o tempo e os espaços cósmicos.

11
AQUISIÇÕES INTELIGENTES

As contas individuais serão cobradas na proporção dos compromissos assumidos. Sabemos dessa realidade, mas não nos preocupamos seriamente com os momentos das aquisições.

As escolhas serão sempre difíceis de serem efetuadas se as bagagens pessoais não possuírem bases suficientemente fortes para suportarem os níveis das pesagens compulsórias. As possibilidades de acertos naquelas horas de pesagens terão maiores percentuais de aproveitamento se o analista da situação conhecer bem a verdade que envolve o problema e fizer uso correto dela.

Quando abordamos o assunto relativo à aflição, percebemos o desconhecimento como um dos seus companheiros costumeiros, consumindo enorme quantidade dos momentos diários. Todos adoram viver a tranquilidade dos espaços e tempos, mas não atentam para o preparo das ocasiões patrocinadoras desses sonhos, que só não se tornam reais por imperícia ou desatenção dos homens. Na pressa natural para alcançarmos nossos objetivos, ficamos sujeitos aos desleixos, aos descasos, à impaciência, e passamos a vagar pelos mesmos caminhos inseguros e negativos.

Nossas conquistas são alicerçadas nas orientações comprovadamente testadas nos laboratórios das reencarnações, isto é, nas vivências práticas sucessivas de todos. As observações das propostas e práticas das ações cotidianas também enriquecem as bases do conhecimento, que alertam, seguras, tanto para os tropeços quanto para as grandes escaladas espirituais.

Melhor perdermos algum tempo observando o dinamismo dos locais onde atuamos, avaliando as situações propostas, pesando prós e contras antes de optarmos pela oportunidade primeira ou por alguma outra aparentemente fácil de compreender e responder. Já lembrava Jesus há dois mil anos: "Cuidado para com as portas largas", elas poderão nos levar aos caminhos do insucesso e da perdição. Estamos em campos de provações, onde devemos nos esforçar diariamente, ganhando com as experiências, lentamente, as benesses divinas, chamadas de Conhecimentos, que nos capacitam a optar pelas portas corretas, sejam elas largas ou estreitas.

Quem anda sobre a areia fina das praias ou dos desertos tem dificuldades para caminhar, pois seus pés afundam no solo quente e instável, causando dores e quedas. Sobre a neve também existem tais complicações. Com o frio, o terreno fofo e escorregadio cria imensas dificuldades e tortura os caminhantes. Entretanto, existem máquinas e equipamentos direcionados ao enfrentamento dos problemas citados, que são idealizados e também fabricados pelos próprios homens, tornando tais aventuras alegres e seguras. Utilizando esses apoios tecnológicos, podemos optar por caminhos serenos ou difíceis. Ao realizarmos as escolhas certas ou equivocadas, mas sempre de acordo com as assistências materiais ou extrafísicas, seremos beneficiados ou prejudicados nas nossas andanças.

Os homens agem, falam, orientam, buscam diretrizes; alguns, pacientemente, outros, afoitos, porém a aceitação dos indicativos passa pela compreensão dos métodos para se alcançar os frutos desejados. O mundo expõe todas as suas possibilidades, entretanto, poucos as percebem. A natureza demonstra o seu equilíbrio e as suas múltiplas cores, todavia, só enxergamos os rios poluídos, as erosões dos terrenos, as inundações...

Façamos uma projeção de imagens dos filmes em preto e branco e as reclamações surgirão, os xingamentos serão ouvidos de imediato, pois estamos acostumados às excelentes imagens das gravações coloridas, em alta definição. É isso que ocorre com a humanidade, para quem tudo acontece ao vivo e em cores brilhantes, chamativas, entretanto, só são percebidos os ambientes envoltos nas névoas dos desajustes e degradados pelos homens.

Como seremos felizes se só enxergamos duas cores: preto e branco? Como perceberemos o equilíbrio e a harmonia do Universo se insistimos em permanecer em sintonia com os valores negativos? As boas escolhas deveriam ser lógicas, comuns a todos os povos e práticas naturais das nações, para produzirem o tão sonhado mundo de paz e amor. Portanto, é bom relembrarmos com frequência máxima o Cristo falando na liberdade que somente teremos a partir do conhecimento e da prática da Verdade.

Então, vamos nos orientar corretamente para realizarmos com eficácia a opção pelos caminhos concretos, que sustentem os nossos passos e tenham como base a Verdade e o Amor.

12
O DOMÍNIO DOS SENTIMENTOS

Os sentimentos criam os campos das emoções, as quais nos revelam ao mundo. Educar os sentimentos torna as emoções equilibradas e harmoniosas.

O domínio dos sentimentos capacita o Homem a usá-los com sabedoria e orienta a sua caminhada, levando-o à vitória sobre a descrença e sobre as dúvidas relacionadas ao seu futuro. O desconhecido causa, naturalmente, algum tipo de inquietação nos corações carentes de luz, mas carregados de esperança pelo Evangelho.

Os bons caminhos são marcados com sinais característicos do Amor. Somente os olhos preparados conseguem percebê-los dentre todos os símbolos coloridos pelas riquezas efêmeras, criados para os distraídos e para os de pouca persistência. Não nos iludamos com os brilhos cintilantes das luzes e das pedras preciosas, pois, ao ofertarem suas belezas rutilantes, nada mais criarão em prol dos enriquecimentos espirituais.

A finalidade maior da reencarnação é a busca do domínio das forças interiores por meio das obras caridosas e nobres. Ao dominá-las com extremada sabedoria, entenderemos o porquê de nos encontrarmos em determinados locais, entre pessoas boas ou más, ricas ou pobres, sadias ou lutando contra males físicos.

Cada um de nós haverá de produzir de acordo com a sua capacidade de auxiliar nos resgates dos que não conseguem ouvir os sons nem ver os sinais do planeta, estando impossibilitados de equacionar os seus problemas diários simplesmente porque não aprenderam a dominar os seus sentimentos com eficácia e a preparar corretamente os seus campos de semeaduras. São tão diferenciadas entre si as possibilidades de definição dos níveis de compreensão de tais fatos que cada um de nós emitirá o seu parecer, tentando explicar a multiplicidade de formas usadas para a resolução de um problema.

As bagagens das conclusões das experiências individuais carregam soluções práticas para os acontecimentos da vida, organizadas desde o início da primeira encarnação humana, sendo utilizadas de acordo com as necessidades do seu feliz proprietário. Individualizados, esses cabedais de conhecimento crescem com o acúmulo de traduções dos enigmas, sinais e ensinamentos encontrados nas estradas espirituais.

De posse de consideráveis valores positivos e nobres, naturalmente começamos a dominar os anseios, as iras, as ganâncias, a preguiça, passando ao domínio do nosso campo sentimental. Por meio de muito trabalho e vontade de buscar o equilíbrio como lógica vivencial, poderemos alcançar os níveis de controle interior e nos tornar aptos a nos candidatar para exercermos as tarefas surgidas nos convites do Cristo.

Para levarmos o auxílio fraternal aos angustiados pelos sofrimentos, devemos, primeiramente, inspirar a confiança mínima, capaz de estimular reações positivas e convencê-los a seguir conosco em direção ao equilíbrio. Evoluiremos pouco se não controlarmos as situações aflitivas, pois, nesses momentos, faz-se necessário o domínio das emoções administradas no campo sentimental. Poderemos ajudar algum sofredor apresentando-nos a ele em meio a choros e lágrimas? Até poderá ser possível, mas viveremos uma situação complicada e desagradável.

Contrastando esse pensamento, se nos mostrarmos seguros e confiantes na solução da angústia alheia, certamente a nossa atitude ofertará, de início, um bálsamo salutar e colaborará na entrega do auxílio, que será recebido com alento.

Sentir e pensar são atributos humanos que nos permitem as aproximações para decidirmos quais rumos seguiremos. No entanto, devemos dominar os sentimentos, para que eles não se transformem em estimuladores de forças negativas, destruidoras das oportunidades de aproximação e união fraternal tão necessárias ao progresso espiritual. O domínio dos sentimentos nos aproxima da felicidade.

13
CÓPIAS DO PASSADO

As histórias tendem a ser repetidas até serem amplamente compreendidas e servirem de exemplo para a prática do bem e do mal. As reedições das ações pretéritas serão protagonizadas pelos indivíduos.

Olhando o passado e avaliando os resultados das manifestações humanas, ficamos, na maioria das vezes, estarrecidos ao constatarmos como a ignorância foi capaz de causar tantas destruições e alimentar sentimentos antifraternais e rancores profundos.

As repetições das ações pretéritas e desagregadoras percebidas no presente parecem ser protagonizadas por personagens inumanas seguindo roteiros de desgraça e terror escritos por autores em total desequilíbrio mental e com pensamentos carregados de ódio e desarmonia.

Talvez, decorridos mais alguns anos, tenhamos, nas mesmas condições de leituras deste tempo em que vivemos, iguais frustrações e angústias ao constatarmos as recorrências dos antigos erros, os quais condenamos.

O progresso realizado ilumina a estrada da ascensão individual, pois capacita o obreiro, dilatando sua visão espiritual e a compreensão das normas de conduta, acrescentando velocidade e firmeza aos seus passos inseguros. Creiamos que sempre existirão suportes adequados para os trabalhos, por mais complicados e extensos que eles se apresentem, pois em quaisquer terrenos onde os plantios devem ser realizados, existirão os instrumentos e as condições próprias à sua efetivação, bastando ao plantador atentar para os sinais divinos, confiar e semear.

Porventura, ocorrerá a germinação de alguma sementeira sem que os grãos sejam colocados nas covas apropriadas e recebam a devida proteção e irrigação? Com os pensamentos, que antecedem as ações, também acontece da mesma forma, pois a semeadura das ideias segue iguais critérios, carecendo de equivalentes cuidados até orientarem as atitudes, tornando-as generosas e protetoras. As sementes geram árvores; os pensamentos, ações.

O conhecimento é cumulativo, faz crescer a compreensão dos sistemas e das leis regentes das situações, as quais nos envolvem ininterruptamente e, quando corretamente utilizadas, enriquecem nossas percepções relativas ao tempo e às ações. Os mesmos problemas do passado, com os quais vivíamos pesadelos e desassossegos, em função do pouco conhecimento, hoje são facilmente resolvidos, graças às experiências adquiridas nas repetições e nos estudos das soluções práticas dos mesmos.

A História narra com maestria todos os caminhos percorridos pela humanidade, desde as épocas das sombras da ignorância até o domínio das forças naturais pela ciência, que nos ofertou esta era de rico saber.

14
COMPREENDER AS SITUAÇÕES

Desejamos compreender o todo universal sem nos preocuparmos em estudar as leis básicas que o regem.

O nosso globo tem dilatadas dimensões se o medirmos pelas nossas passadas e pelos parcos conhecimentos do todo universal. Somos como as formigas em relação ao formigueiro se nos compararmos ao volume da Terra. Porém, dentro do éter cósmico, o nosso orbe é considerado quase invisível quando o buscamos do espaço sideral a olho nu.

Já entendemos a relatividade entre grande e pequeno, finito e infinito, mas teimamos, tentando conceber as explicações para aquilo que ainda não nos é permitido compreender. Perdemos preciosos minutos em busca de coisas irrelevantes para o nosso desenvolvimento individual. É realmente importante o conhecimento sobre os elementos formadores do todo, todavia, para chegarmos à sua compreensão, devemos iniciar pelo entendimento das unidades básicas. Gostaríamos de saber mais sobre a formação do Universo, mas sequer entendemos quem somos, de onde viemos e para onde nos direcionamos.

A nossa Terra, provedora de todas as necessidades humanas, é constantemente agredida, desrespeitada, entretanto, continua solidária com o Homem, oferecendo-lhe todas as importantes matérias orgânicas, físicas e extrafísicas necessárias ao aprendizado espiritual. Nosso planeta é um mundo de energia, força e bondade divina, capaz de nos conceder, conforme a vontade de cada um, o Céu como recompensa ou um inferno de tormentos.

Olhamos o espaço infinito, onde cintilam as estrelas a bilhões de quilômetros, desejando estar entre elas, como se lá estivesse a felicidade. Não nos enganemos infantilmente, pois já estamos entre elas, mas ainda não percebemos. Preferimos os sonhos às realidades doloridas e benfazejas, as mesmas que nos despertam dos sonos angustiantes da ignorância e da ociosidade.

As moradas conquistadas aqui neste chão produtor de alegrias são valorizadas porque nos protegem das intempéries e das agressões físicas. Elas representam, em escala ínfima, a grande morada do Pai, e, se compreendermos as funções do pequeno, por lógica, entenderemos o imenso, pois tudo é regido pelas mesmas leis divinas.

Se o nosso Pai, amoroso e bom, permite nosso ingresso nesses primeiros locais de aprendizado, é para relacionarmos e seguirmos as leis, estudando-as, iniciando pelas regras e pelos sistemas básicos, que nos informarão, com dinamismo crescente, quais os nossos deveres perante a obra do Grande Arquiteto. Para chegarmos à compreensão das leis regentes do mundo, serão necessários alguns anos terrenos de aplicação em estudos, experiências, disciplina e, principalmente, vontade de aprender.

Deixemos de lado as conclusões precipitadas e tolas, com as quais nos ocupamos inutilmente e que enchem as nossas mentes de angústias vazias. Ocupemos os espaços merecidos e de acordo com as possibilidades de nos concederem o conforto para a continuidade da busca pela Verdade. Não reclamemos do mundo que habitamos, pois ele é do tamanho exato das nossas capacidades e forças de plantio.

O Universo é uma vasta área cultivável, onde todos semeamos conforme as necessidades de alimentação do corpo e da alma. Vale a repetição: "Quem planta certo, colhe certo; quem planta errado, colhe... certo!"

Construa com eficiência, plante com correção.

15
VISÕES DO CÉU

As explicações das religiões tradicionais criaram a ideia do Céu como um local de ociosidade total. Na realidade, cada um cria o seu Céu em resposta às obras realizadas. Podemos viver esse local na esfera física ou espiritual.

Os voos empreendidos pelos Espíritos, por mais elevados que sejam, são, todos eles, alimentados pelas ações benéficas e pelos trabalhos nobres, uma vez que tudo colabora para a obra da Criação, recebendo finalidades úteis e renovadoras. Nutrimos pensamentos equivocados com relação às atividades dos Espíritos esclarecidos, de ordem superior dentro da hierarquia divina.

A ideia de ociosidade povoa a mente do vulgo, pois a concepção de Céu apresentada desde tempos remotos pelos orientadores das organizações religiosas é a de um local onde os bem-aventurados, após serem desligados da carne pela morte física, por merecimento, iriam descansar eternamente, louvando o Criador. Fica patente a conclusão de que os eleitos por escolha divina seriam dispensados de toda e qualquer atividade ou função que lhes exigisse esforços ou preocupações.

Com o advento do cristianismo, após as declarações de Jesus, apercebemo-nos da importância e da urgência em aproveitarmos nossas experiências humanas para resgatarmos os débitos adquiridos nas peregrinações carnais passadas, desenvolvendo a prática salutar do perdão e da união fraterna.

Cada existência física ocorrerá dentro dos níveis de compreensão e capacidades criativas, oportunizando ao encarnado toda gama de auxílio ao seu programa de desenvolvimento das aptidões. Na esfera extrafísica, o trabalho visando ao progresso espiritual é desenvolvido dinamicamente. As vitórias, uma a uma, se somarão e permitirão a dilatação dos campos de entendimento dos programas apresentados aos indivíduos, dando-lhes chances mais agudas de trabalharem o autoaprimoramento.

Tentemos, com dedicação, humildade e sinceridade, realizar a tarefa de releitura das lições livres, assentadas nos nossos ambientes de convivência, sem nos intitularmos julgadores das atividades e das razões dos nossos pares e companheiros de viagem material. Quem cuida

Sementes para o amanhã

demasiadamente do tempo a da vida alheia haverá de perder-se pelos julgamentos que não lhe competem, além de despender as próprias chances de realizar suas tarefas.

Os degraus da alma são difíceis de serem galgados, mesmo o tarefeiro empreendendo grandes esforços. Sem vontade de vencer e ultrapassar obstáculos, a alma estaciona e se desvia da rota principal. Caberá a cada um, se desejar ardentemente crescer na compreensão do todo universal, esforçar-se de verdade na busca das orientações corretas e aplicá-las sempre que possível nas suas ações.

O pensamento é dinâmico e transforma-se rapidamente, formando novas diretrizes, mais enriquecidas, para embasar as escolhas compulsórias dos homens. Por isso, a busca da verdade libertadora é necessária e faz com que a razão passe a refutar os dogmas tão enganadores e danosos às escolhas naturais. Só é possível criarmos consciência dos atos e fatos com uma base substancial da verdade divina, como alerta o cristianismo. Somente se torna livre da ignorância aquele que consegue absorver, nas experiências diárias, as parcelas da Verdade e do amor fraterno. O Universo tem a sua complexidade velada aos que ainda "não têm olhos de ver nem ouvidos de ouvir".

Vencidas as etapas, alcançando o conhecimento das leis gerais e naturais, o Homem passa a se sentir fortalecido, mais disposto a investir na sua caminhada espiritual, e não se deixa enganar com tanta facilidade, como no passado de sombras. Já conseguimos vislumbrar um novo tipo de Céu, onde a satisfação consiste em trabalhar por amor a Deus e ao próximo carente. Nesses mundos como o nosso, onde a solidariedade começa a ser compreendida, os esclarecidos ajudam e amparam uns aos outros, atendendo a Lei da Fraternidade Universal.

É importante para o nosso desenvolvimento individual e coletivo não mais aceitarmos o Céu como um campo de ociosidade e perda de tempo. Deixemos para trás aqueles que se iludem com o canto das antigas falácias religiosas, pois estas já causaram danos exagerados ao crescimento da compreensão das leis divinas entre os ignorantes.

A perfeição é a meta de todos os seres espirituais, mas esse objetivo é deveras difícil de ser alcançado e cheio de satisfações para os que abraçam o Evangelho e trabalham pelo sucesso da sua divulgação correta e responsável.

Esperamos chegar ao Céu um dia, e oxalá seja um lugar de voos altíssimos, cheio de ações, trabalho e paz interior.

16
COPIANDO O BEM

A proximidade com o bem e com o conhecimento nos faz capazes de entender os convites do sucesso, os quais serão suspensos e adiados no caso de negligência e mau aproveitamento.

Percebemos vários elementos importantes para os nossos programas de crescimento espiritual sendo desligados das nossas realidades existenciais por falta de preparo adequado para retê-los conosco.

As leis são iguais para todos e não são dados privilégios beneficiadores de situações a quem quer seja. Se as chances ofertadas a alguém deixam de ser aproveitadas dentro dos espaços de tempo concedidos, elas perecem, exigindo do antigo beneficiário esforços extras para readquirir outras oportunidades iguais às perdidas por ineficácia ou incompetência. As observações positivas dos momentos e espaços nos permitem ver com exatidão tais ocorrências e aproveitá-las com sucesso.

Em todos os ambientes, estaremos em contato direto com as lições e cobranças devidamente direcionadas aos destinatários carentes, a fim de servir de apoio preciso às suas tomadas de posição perante os problemas cotidianos.

Por maior que seja o conhecimento da verdade iluminadora, o Espírito, nas suas experiências humanas, teima em escolher caminhos aleatórios e, naturalmente, encontrar situações desgastantes, para as quais ainda não detém conhecimentos capazes de vencer as forças imprimidas nas provas enfrentadas. Não devemos, portanto, nos entregar às decisões sem estarmos devidamente preparados para arbitrarmos com proveito e ganho espiritual, ofertando benefícios a todos os envolvidos pelas consequências das nossas escolhas.

A bondade divina manifesta-se com benevolência e aproveitamento em quaisquer situações, conflitantes ou pacíficas, criando ambientes repletos de exemplos e de lições, dos quais poderemos retirar indicativos seguros e formatar novos horizontes, com ações honestas e seguras. A observação atenta, alimentada com conhecimentos adquiridos pelas mentes dinâmicas, se ajusta rapidamente, possibilitando novas visões e resoluções de questões antigas e indecifráveis.

A inquietação do Homem, cobrando pressa acentuada na execução dos seus trabalhos naturais, atrapalha-o

Sementes para o amanhã

na compreensão das cobranças normais, que devem instigá-lo a buscar novos apoios para sustentar a edificação do seu amanhã. Todos os dias poderão parecer-se em relação à intensidade de cobranças, de novas concepções, mas, desde o início do Universo, a utilização dos espaços temporais modifica-se, tanto pelas ações inteligentes e criadoras quanto pelos atos desatinados dos ignorantes.

Na alternância constante da utilização do bem e do mal, os homens criam e também destroem as estradas do progresso. Quando cresce a consciência coletiva do Bem maior, aumentam consideravelmente as chances de compreensão das leis universais, com a benéfica utilização do livre-arbítrio. Existe reciprocidade entre a compreensão das leis universais e o seu sábio aproveitamento.

A ebulição das emoções cria tanto desassossego nos mundos das humanidades rebeldes que a agitação constante das forças desestabilizadoras cede pouco espaço ao bem e ao equilíbrio reconfortante do Amor. Mesmo assim, nesses orbes, a justiça e a bondade divinas estão presentes, no trabalho fraterno e invisível dos mentores espirituais e de alguns abnegados mensageiros que renascem entre os "cegos" para lhes oferecer a luz da razão e o tesouro do conhecimento.

Com o transcorrer dos séculos, visto que Deus não tem pressa, o sofrimento extremo faz despertar a razão, e os homens passam a observar, mais atentos, os passos e exemplos dos Missionários da Luz, copiando suas ações e seguindo seus passos. Assim, criados os laços de simpatia e provadas as boas indicações dos mensageiros divinos e dos Missionários da Luz, abrem-se as portas da felicidade, criando os ambientes para a recuperação dos pensamentos bons e criativos.

Os homens conseguirão identificar os sinais e os convites dos trabalhos edificantes da paz interior e não mais perderão as chances de abraçar as etapas dos programas progressistas. Ao perceberem o Amor e a Verdade provendo-lhes a felicidade, passarão a receitá-los e exemplificá-los, ampliando as correntes do Bem e fortalecendo a família humana na sua caminhada para o sonho da Terra Prometida, os tempos de felicidade total.

17
A TEORIA E A PRÁTICA

Amor e Amar são coisas distintas. Dizer-se cristão ou crer no Amor é ser teórico; praticar o cristianismo ou Amar é viver a realidade.

Os caminhos espirituais ricos levarão aos locais dos maiores tesouros da alma e dos melhores potenciais de trabalho. Em contrapartida, as veredas e trilhas espiritualmente sujas e empobrecidas levarão os caminhantes para lugares mais pobres e com poucas chances de progresso.

O desejo do melhor, tal qual a felicidade superlativa, demonstra o sonho verdadeiro de chegarmos ao bom, ao justo e ao equilíbrio. Seguiremos sempre para algum futuro, o qual será o resultado das escolhas livres dos homens.

Há dois mil anos, nossos ouvidos são visitados por sons estranhos, que sempre nos pareceram agressivos, pois mostram direções diferentes das eleitas pelos nossos corações. Iniciando pelos apelos do Cristo para entendermos as agressões dos outros como atos de desequilíbrio praticados por alguém que pensa conseguir tudo por meio da força física.

Como perdoar o agressor quando ele nos causa dor e sofrimento se o mundo é dominado pelos fortes embrutecidos, que não sabem pedir nem conversar conosco? Como fazê-los entender a necessidade de se doarem e auxiliarem os fracos e os doentes, aceitando os direitos como algo adquirido pelo trabalho e prática dos bons sentimentos? Qual o modo de explicar-lhes sobre os tesouros reais e demonstrar-lhes que carregamos conosco aquilo que somos, e não as coisas que temos?

É certo, muito já andamos no quesito compreensão, mas em dois milênios percorremos e alcançamos tudo que foi colocado à nossa disposição? Cremos nos indicativos, apontando o Amor como mola mestra do despertar dos sentimentos mais enobrecidos, porém o pouco praticado aborrece-nos, demonstrando o baixo nível de convencimento sincero. Dizemos, a cada momento: "Somos cristãos", mas de que tipo?

Alguns teimosos se classificam como cristãos teóricos, esperando a hora apropriada para se tornarem cristãos práticos. Isso é comum e cômodo, servindo apenas como desculpa e tentativa de explicar o inexplicável.

Existe somente, e tão somente, um tipo de cristão: aquele que compreendeu os convites do Cristo e adentrou o mais rico dos caminhos, a mais bela trilha a percorrer, e realiza a viagem com coragem e dedicação, sem reclamar das complicações, se elas existirem, pois conhece de antemão o trabalho e as recompensas reais de praticar a caridade. Esse sentimento é a tradução prática do amor celestial e lança à imortalidade feliz todos aqueles que fizerem dele o fundamento principal das suas existências espirituais.

Podemos ter sido ignorantes e brutos no início dos tempos, na nossa infância espiritual, mas chegamos à maturidade por um caminho sem retorno, e, conscientes, passamos a usar o livre-arbítrio com equilíbrio e sabedoria. Entretanto, muitos estão vivendo seus primeiros momentos racionais e esperam pela ajuda dos esclarecidos na luz cristã, que possam ofertar-lhes as direções corretas e os ricos caminhos da paz interior. Teremos, porventura, nos esquecido das pobres e tristes trilhas nas quais aprendemos pelas dores e com o auxílio dos mais sábios a procurar e seguir o Amigo Sublime?

O conhecimento nos faz andar com maior rapidez, serenidade e segurança; alguém nos legou esses esclarecimentos.

Agradeçamos e trabalhemos, ensinando com os exemplos de quem já se desloca nas ricas trilhas do amor e da caridade.

18
FELICIDADE GRATUITA?

O Homem valoriza pouco os presentes que recebe, dando muita importância a tudo aquilo que adquire com esforço e trabalho. Por isso, a felicidade é fruto das suas conquistas.

Existem fontes de felicidade em todos os recantos do mundo, tanto quanto proliferam em torno dos homens inúmeros convites ao erro e à maledicência. Cabe ao Espírito, ao ser inteligente e sobrevivente ao corpo físico, usar os valores sagrados da vida para se apartar das tristes visões e dos convites negativos.

Se fossem ofertados à humanidade tão somente os caminhos alegres da fonte da felicidade, quais méritos teria para colher saúde e alegrias? Como utilizaria o tempo com sabedoria, não precisando ocupar-se com as enfadonhas escolhas?

Quando Jesus orientava a todos, utilizava exemplos e figuras de pouca complexidade para se fazer entender com clareza e bondade. E apresentava as benesses da Lei como forma de salário, a ser pago de acordo com a importância das escolhas humanas. Jamais deixou transparecer, a partir dos Seus ensinamentos, qualquer sombra de privilégios ou presentes divinos. Mostrou sempre a seriedade com a qual seriam valorados os pensamentos e as obras dos trabalhadores da vinha. Deixou claro, também, a necessidade da seleção das sementes a serem plantadas, cuja natureza destinaria a colheita. Muitos séculos se passaram até o despontar do entendimento de que a obra do plantio não seria efetuada senão no solo dos planetas e no coração de cada seareiro.

Somente chegaremos a essas conclusões quando a humildade e a cooperação passarem a permear as nossas conversas e ações coletivas. Damos muita importância às comunicações, às trocas de ideias e experiências desenvolvidas, pois elas são os combustíveis que alimentam e originam o progresso. Entretanto, mesmo que tenhamos alcançado esse patamar de aceitação e conclusões, custa-nos sobremaneira descer dos pedestais do egoísmo e nos abraçarmos como irmãos e operários da mesma obra. Agride-nos profundamente a sabedoria alheia, as inteligências superiores às nossas, as quais comparamos com armas letais apontadas para nós.

Precisamos compreender que essas inteligências superiores, esses sábios reconhecidos estão conosco para nos ajudar a crescer na compreensão do todo universal e também que não existe meio mais apropriado para a transmissão dos seus conhecimentos do que a convivência direta. Assim se formam os grupos familiares e sociais, com o claro objetivo de repassar os valores naturais positivos durante as experiências humanas, comumente chamadas de encarnações.

Acontece que, em função da rudeza dos pensamentos e da avaliação desequilibrada do campo dos sentimentos, nos tornamos insensíveis ao auxílio, vendo em todos agressores do nosso modo de vida. Torna-se difícil ajudar alguém carente quando ele não aceita o auxílio ou não o identifica como tal.

O próprio Evangelho, como bem sabemos, é um compêndio de valores inquestionáveis, cuja implantação nos lançaria em uma esfera superior de luzes e garantias de sucesso espiritual. Sabemos viver o final dos tempos, conforme as falanges superiores, porém continuamos a avançar com passos de tartaruga. Quanto tempo ainda nos resta para praticarmos as diretrizes da boa-nova?

Quando somos alcançados por tragédias individuais ou coletivas, surgem, de imediato, questionamentos sobre o melhor meio de aproveitamento das ocasiões, mas eles vão se apagando com o passar dos dias. Voltamos ao marasmo das perguntas cujas respostas não desejamos ouvir, nem seguir. Esvaem-se os dias, os meses, os anos, as décadas, e nos encontramos estacionados ao lado da estrada do progresso, esperando pelos milagres que jamais virão, pois não existem na legislação divina.

A fonte inesgotável de felicidade dos demais momentos de equilíbrio e harmonia está à espera das nossas escolhas individuais, para as quais existem orientações suficientes e claras sobre todos os fenômenos naturais da vida. Basta atentarmos humildemente para as escolhas e ações daqueles que dividem o tempo e os espaços conosco, pois a lei é uma só: tudo que lhes proporcionar felicidade ou sofrimento também nos será ofertado e aproveitado, desde que nos assemelhemos a eles nos pensamentos, palavras e atos.

As fontes de felicidade existem onde estivermos, e as descobriremos com trabalhos de amor e caridade.

19
O AMOR

A prática do Amor é realizada de muitas maneiras. Explicá-lo é quase impossível, senti-lo é reconfortante e vivenciá-lo é muito difícil.

O Amor, conforme o Evangelho, é igual a um fogo interior percorrendo toda a nossa organização física, sendo orientado pelos pensamentos de justiça, queimando os focos de ociosidade, transformando-nos em ferrenhos defensores das leis naturais e praticantes dos costumes nobres.

Existem inúmeras dificuldades quando tentamos qualificar esse sentimento puro e criativo que nos une por meio da verdade libertadora. Explicá-lo torna-se quase impossível, senti-lo é reconfortante e vivenciá-lo é deveras difícil e complicado, pois o seu exercício requer altos níveis de abnegação e doação inquestionável. Tentamos, de várias maneiras, seguir seus ditames, para afastarmos as agruras dos nossos caminhos, mas o fazemos de formas equivocadas, continuando na companhia das sombras angustiantes.

A preocupação maior deveria ser a busca correta das direções seguras, com calma, coragem e confiança. Mas nos perdemos nos cipoais dos pensamentos rebeldes e inúteis e na pressa de recebermos os salários, sempre aquém do que achamos merecer. Pensamos dominar os momentos, os espaços, mas a tristeza nos abate o ânimo ao percebermos o mundo nos limitando a liberdade. Tentamos compreender porque o Universo parece separar os felizes e os infelizes em lados opostos.

Esses enganos fazem parte das confusões originadas na ignorância das leis naturais e criam frustrações a um enorme contingente humano. Deveríamos observar o ambiente onde vivemos, tentando aproveitar as ofertas endereçadas a todos, sem qualquer privilégio ou castigo.

A percepção deficiente da realidade e da verdade desestimula, mas nos convida a questionar, se estivermos tristes e cansados: os sofrimentos, as agressões, os acidentes naturais ou provocados serão ofertas únicas de um mundo maroto e mau? Tão somente esses valores nos estarão sendo endereçados naqueles momentos aflitivos?

Olhemos de outro modo: se já desenvolvemos alguns valores positivos, tais como a caridade, a humildade e o amor, perceberemos naquele mundo maroto também as coisas boas e equilibradas à nossa disposição.

Então, a todo instante, os nossos olhares atentos só nos permitirão ver aquilo que conseguirmos perceber do Universo. Lembra-nos Emmanuel: "No mundo não existem trevas, mas apenas alguns Espíritos que não conseguem ver". Assim, num ambiente comum, coexistirão as indiferenças, os ódios, as indecisões, as excitações, as alegrias, a ignorância, a sabedoria, o amor, a fraternidade, e cada um de nós perceberá os elementos que as nossas sensibilidades captarem.

A fotografia de um local de aglomeração maciça mostrará apenas a multidão ocupando um espaço geográfico; não revelará os pensamentos que cada um alimenta naquele pedaço de tempo. Todos caminham na cadência dos seus pensamentos, interagindo com o exterior por meio dos seus sentidos físicos e extrafísicos. Uma foto ou um filme poderá gravar imagens que nos ajudarão a relembrar tanto os bons quanto os maus momentos vividos. Uma mesma gravação poderá, também, fazer reviver em pessoas de diferentes opiniões e emoções diversos pensamentos iguais ou conflitantes.

O mundo é sempre o mesmo, sendo visto e sentido de acordo com os nossos olhares e estados felizes ou infelizes. Porém, será eternamente abundante em oferendas, com a finalidade de nos enriquecer a alma.

Preparemos com cuidado "nossos olhos de ver" para sentirmos os benefícios do Amor ao alcance de todos, pois Ele está disperso no espaço infinito.

20
PROTETORES ESPIRITUAIS

A vida oferta inúmeros convites, diretos e indiretos, com a intenção de nos direcionar para a verdade ou para a mentira. Os nossos guias espirituais nos trazem as indicações corretas. Agradeçamos a eles.

Somos conduzidos servilmente por muitas forças sem que percebamos de imediato, mas quando passamos tantas vezes pelos mesmos caminhos e labirintos, padecendo, sofrendo as mesmas inquietações, começamos a entender, preocupados, que não conseguimos nos direcionar livremente para as esferas alegres e de júbilos.

Diversas vezes, observando os acompanhantes nesta estrada de evolução constante, questionamos as suas escolhas tristes, condenando-os pelas ações descabidas e sem bases racionais que os direcionam aos atropelos, tropeços e às inevitáveis quedas. Somos muito bons em notar e inventariar as escolhas livres dos nossos irmãos, catalogando-os como desastrados, ignorantes, cegos e imprevidentes. Não nos sobra nem tempo e nem vontade para autoavaliações.

Por falta de esclarecimento ou inaptidão para analisarmos com isenção, ficamos à margem dos caminhos alheios, somente contemplando o dinamismo dos momentos e dos espaços habitados por tantos "desavisados" no trato das situações que os envolvem, complicando as suas pobres existências. Teríamos, certamente, soluções simples e apropriadas para ultrapassarmos tais lutas singulares se estivéssemos nos seus lugares, naquelas enrascadas naturais.

Diz a Lei que "A cada um é dado conforme as suas necessidades, porque Deus não faz o frio maior que o cobertor". Pois, se aos outros indolentes, os quais avaliamos, são ofertadas cobranças e provas de natureza amena em comparação com as nossas, é porque eles só detêm conhecimentos e forças para enfrentamentos com possibilidades de sucesso e vitórias pessoais sobre repressões daquelas envergaduras. Os níveis das experiências humanas são trabalhados dentro dos estreitos caminhos das aptidões desenvolvidas durante as vidas sucessivas, os quais se ampliam com as vitórias individuais alcançadas com esforço e com a aplicação das teorias estudadas.

Quando, no início das experiências humanas, não tínhamos responsabilidades maiores sobre os nossos atos, na "era dos instintos puros", éramos conduzidos com gentileza e habilidade pelas falanges espirituais que nos guiavam e protegiam, incentivando-nos a escolher corretamente. Foi assim até desenvolvermos, ao longo dos séculos, as capacidades de observação e avaliação das situações, que nos proporcionaram inúmeras quedas e ferimentos profundos, estimulando o raciocínio lógico e o respeito pelas situações conflitantes. Jamais, porém, ficamos desprotegidos ou abandonados à própria sorte, pois os guias protetores vigiam os acontecimentos com presteza, mas sem interferência direta nas decisões dos protegidos.

Temos, junto de nós, desde os primeiros tempos, um protetor espiritual, voluntário e amigo, que tem a missão de melhor nos orientar por meio dos processos que utilizam as linhas dos pensamentos, os canais da intuição e o campo mediúnico no trabalho compulsório de elevação espiritual. Esses amigos benfeitores nos acompanham desde o início das programações reencarnatórias, detendo conhecimento real das nossas encarnações pregressas e do programa total das vivências físicas atuais. Grosseiramente lembrando, sabem mais sobre as experiências presentes dos seus protegidos do que eles próprios, podendo, dessa forma, conduzi-los com maiores chances de sucesso.

Constantemente, poucos sabem e compreendem as missões abraçadas por esses amigos ocultos e tão especiais, aos quais deveríamos agradecer pela proteção ininterrupta e pelo amor que nos direcionam. Seria também positivo incluí-los nas nossas orações diárias, agradecendo-lhes pelo carinho e pela abnegação ofertada, e tentar percebê-los nas suas insistentes ações protetoras.

Entretanto, muitas vezes, seus avisos e alertas importantes não nos sensibilizam, pois as nossas atenções e vontades estão voltadas para outras direções, ricas em conquistas do efêmero passageiro.

As forças em desarmonia têm também as suas equipes de trabalhadores desonestos e burladores dos artigos da Lei Maior e sempre nos oferecem facilidades com lucro certo e imediato. Entretanto, mesmo influenciados pelas propostas dos ignorantes, somos convidados pelos guias espirituais a trabalhar na edificação do reino da paz interior e universal.

Surgirão muitas dúvidas entre os desavisados, os desordeiros e os maledicentes, que pesarão os dois lados, mas preferirão ouvir e seguir o canto da sereia, descobrindo-se tardiamente tristes e surpresos nos caminhos torturantes das dores físicas e morais.

Para os humildes, simples e crentes no amor e na caridade, muitos dos alertas e cantos se parecerão, porém, na hora da decisão, estarão em sintonia com o Cristo e ouvirão os seus amigos espirituais entoando: "Vinde a mim, todos vós que sofreis, e eu vos aliviarei".

Somos conduzidos servilmente por muitas forças; saibamos, pois, escolher as que nos conduzirão à plenitude do Amor.

21
AS BOAS OBRAS

Olhando as obras realizadas, poderemos verificar as suas belezas, perfeições e mensagens, sem necessidade de adjetivos ou placas para qualificá-las.

As boas obras são notadas com naturalidade, sem necessidade de lentes especiais e de adjetivos para valorizá-las e entendermos a ambição do seu criador ou executor. A natureza excede-se em bondades e simplicidade, sempre gerando bons observadores e testemunhas atentos ao equilíbrio e ao belo.

O belo ressalta em meio ao comum, comprovando a sua exuberância, sem a necessidade impositiva da atenção antecipada. O justo é reconhecido pelas suas repetidas ações coerentes e equilibradas, nas quais se originam o respeito e o valor devidos. Apostamos com confiança no equilíbrio, pois nele caminhamos seguros, chegando ao destino como sucesso plantado.

Basta olharmos com atenção e a leitura dos ambientes nos dirá claramente como se formaram. As ribanceiras de um rio atestam a idade deste, seu comportamento e a intensidade das correntes d'água; a erosão do solo de uma região é causada pelo desmatamento, pelos fortes ventos e chuvas constantes; uma floresta verde e densa anuncia solo fértil e diversidade de fauna e flora. Todas as obras da natureza seguem as determinações das leis universais, visando à manutenção necessária à continuidade da vida no solo do planeta.

Muito ainda devemos estudar para compreendermos as belezas serenas das danças intrigantes das copas das árvores, das relvas delicadas e das aparências agitadas das tempestades tropicais. Assim também é com as marés; ora baixas e calmas, ora grandes e assustadoras... Essas movimentações marcam com exatidão os necessários processos naturais na busca da harmonia constante. Podemos anotar todas essas manifestações e nos beneficiarmos com elas, que nos indicam liberdade para agir ou retração para proteção.

Por enquanto, a nossa atenção está voltada para o meio ambiente, local das nossas valiosas observações diárias. Mas pensemos em observar com maior rigor os comportamentos humanos. Essas análises poderão nos mostrar exemplos belíssimos de quase perfeição apresentados por humildes trabalhadores dos campos do Amor.

Sementes para o amanhã

Não serão tão belos aqueles empenhados nas obras benéficas, pois estarão bem mais preocupados com a tarefa em andamento do que com a própria aparência. Porém, reconhecidos pelas suas ações caridosas, pouco se importam com os seus atributos físicos, pois as suas obras já os identificaram e expuseram as suas essências.

Muitos profetas e mestres da Antiguidade realizaram magníficas obras, beneficiando nosso crescimento moral, e foram, no seu tempo, considerados humildes servidores da humanidade, mesmo nada tendo de posses materiais. O belo não precisa ser rico e importante; basta ter simplicidade e harmonia para poder ser percebido pelos simples de coração.

A humanidade reconheceu diversas dessas personalidades simples como guias e protetores universais pelas suas obras produtivas, que atravessaram os séculos, chegando até os dias atuais com as suas belezas mantidas, tal qual foram concebidas pelos seus idealizadores.

As suas criações originaram-se no amor divino, e o Amor é a mais bela obra de Deus. Se desejarmos criar belas obras para serem abençoadas, apenas amemos uns aos outros, como nos pediu Jesus.

O Amor é a pedra fundamental de toda e qualquer obra-prima.

22
MENSAGENS E MENSAGEIROS

Devemos entender as origens da maldade, combatendo-as desde as suas primeiras manifestações, tentando alertar e recuperar aqueles que, por indisciplina ou ignorância, lhe servirem de instrumentos.

Quando alguém perde o rumo da felicidade, levado pelas contrariedades momentâneas da vida, e manifesta as suas indignações, ofertando-nos o seu azedume por meio de ataques de maldade, devemos considerar chegada a hora de acolhermos tal mensageiro com afeto e carinho, tentando subtrair daquele seu ataque tempestuoso o recado e os alertas contidos na mensagem e no convite à prática da caridade nobre.

Sabemos de antemão que, nesta esfera da ignorância em que militamos, poucos detêm conhecimento e vontade real de trabalhar para erradicar o mal com todas as suas vertentes, que afeta desde quem o insufla até os que são absorvidos pelas forças desastrosas e criam, na sua caminhada, um rastro de angústias, dores e insatisfações, cujas consequências deverão avaliar e corrigir os declínios.

Por ora, reconhecemos os caminhos do Evangelho, mas como devemos nos comportar nesta etapa de evolução individual, ajudando os carentes no seu retorno ao equilíbrio, à sobriedade e à harmonia cristã?

Com muito tato, será possível percebermos quando e como o mal se instala nas mentes e nos corações que, no passado, foram abençoados com o livre-arbítrio e não conseguiram persistir nos acertos por força das provações criadas por vontade própria, entregando-se aos desvarios, à desesperança, à descrença, sendo logo arregimentados pelas potências da incoerência humana.

Cada um deverá cuidar de si e dos seus plantios – assim o entendemos –, mas o distanciamento para com a Verdade cria ilusões, utopias, egoísmo, e a escolha das sementes sofre alterações drásticas, especialmente notadas no futuro das conquistas e colheitas. Então, quando a sementeira produz algo diferente do esperado, o semeador acha alguém para dividir a responsabilidade da nefasta colheita.

Os plantios estarão no distante e inalcançável passado, com a sua imutabilidade natural, sendo lembrado com sabor de esperança abatida pela colheita escassa e desesperadora. Não se retorna ao passado para mudá-lo, mas é possível modificar o presente para atingir um futuro de prosperidade e alegrias.

O dom natural do mal é produzir discórdias, lágrimas e deitar ao chão algumas fortalezas gigantescas, edificadas em solos frágeis, sobre fundações corroídas, desde seu projeto original. Os amigos verdadeiros do Cristo, que o aceitam e seguem sem ressalvas, estiveram, estão e estarão a postos para auxiliar e reerguer os desviados das promissoras rotas do Amor, alertando-os sobre os perigos que os levaram às quedas e às inconformidades com a justiça divina.

Mostraremos sempre, a todos que nos observarem ou questionarem, os valores das ações e dos pensamentos, servindo de polos de atração de forças invisíveis e poderosas, para nos fortalecerem as conquistas ou nos apressarem os desastres. É primordial vivenciar com maior zelo as teorias e os ensinamentos evangélicos enraizados nos corações antes de nos entregarmos aos descaminhos tão citados nos alertas de Jesus.

Ouvimos, desde há muito tempo, que mente vazia é oficina do "diabo", mas devemos levar em consideração que este é o Espírito humano, vivendo todas e quaisquer desarmonias possíveis, em busca de parcerias que lhe tornem mais aplaudido, venerado e seguido incondicionalmente. Naturalmente, se estivermos envolvidos com programas educativos e caridosos, não existirá espaço, nem nos nossos corações, nem nas nossas mentes, para sequer ouvirmos os convites que não falem de amor e justiça plena.

Porém, os mensageiros tentam nos entregar todos os tipos de mensagens, diretas ou cifradas, simples ou codificadas, servindo de apoio aos testes das convicções que abraçamos. Lembremos que "até os escolhidos serão tentados", pois muitos falarão em Seu nome, sendo necessária toda a atenção nas investidas do mal realizadas por meio dos instrumentos usados com inteligência pelos desorientados criadores de tristezas.

Devemos atentar ainda para o fato de que, no combate às forças das sombras ou do mal, não devemos destruir o mensageiro, que, por ignorância, é apenas um intermediário e deverá ser resgatado da sua cegueira e surdez. Somos os apóstolos da caridade? Então hajamos como tal, transformando o ignorante sofredor em um feliz conhecedor e seguidor da Lei Divina, porque o mal existirá enquanto o desconhecimento lograr espaços nas inter-relações humanas.

Combatamos o mal e resgatemos os Espíritos perdidos no cipoal da ignorância.

O Evangelho alerta e aponta para a felicidade, e quem a desejar verdadeiramente deverá seguir, consciente, o amigo Jesus de Nazaré.

23
VENCENDO A IGNORÂNCIA

Os sentidos físicos humanos são instrumentos da alma e facilitam a sua interação com o mundo exterior, possibilitando o domínio dos elementos materiais e espirituais.

Todos os homens já desenvolveram grandes trabalhos para vencerem o estado da ignorância e, pouco a pouco, com enormes esforços e extensos sacrifícios, aprenderam a buscar a razão do viver e os conhecimentos das leis naturais. Tanto se esforçou o Homem, que foi adquirindo poderes sobre o mundo da matéria bruta, conseguindo manusear os seus elementos constitutivos e beneficiar-se com a proteção das forças naturais. Após compreender o mundo onde vive e trabalha, partiu para o domínio dos seus instintos grosseiros, conseguindo tornar-se sensível no trato com os seus pares, migrando lentamente para os ambientes de convivência necessária ao seu desenvolvimento humano.

Quando pensarmos em questionar as ações desequilibradas, manchadas de violência por parte de alguém, pensemos que ele ainda não atingiu níveis mínimos para questionar seus atos reflexivos, originados nos instintos embrutecidos. Tais quais navegantes sobre uma balsa, seguindo o fluxo das correntes de um rio, sejamos bons irmãos, observando com atenção tudo aquilo que ocorre nas margens, tentando ajudar de alguma maneira os outros aprendizes, se nos forem ofertadas possibilidades para tal.

Se atentarmos firmemente, veremos as tantas repetições das ações, mas produzidas por personagens distintas. São os hábitos sucedendo-se, maquinais, sem os questionamentos naturais, capazes de modificar os ambientes de trabalho e plantio dos seres humanos. Se tais costumes continuarem ligando as mesmas situações angustiantes umas às outras, nada poderemos esperar de diferente no futuro.

As mudanças de hábitos seguem os caminhos dos pensamentos crescentes, porque estes são os agentes das alterações dos rumos e das escolhas. Quando o conhecimento dominar os campos da ignorância, as luzes da razão e da fé iluminarão as oportunidades de nos afinarmos com a Verdade e as escolhas. Tenhamos confiança nos indicativos do Cristo e trabalhemos incansavelmente para que todos os povos tenham contato com os convites para a festa dos felizes andarilhos a caminho da luz.

Porém, toda verdade tem o seu tempo de plantio seguro, para germinar e frutificar com sucesso e fartura.

Não temamos as investidas das forças contrárias à felicidade e às alegrias, pois fomos criados para a perfeição, a qual cada um alcançará de acordo com as suas forças e vontades bem utilizadas.

Cada orbe cuida dos seus habitantes, ofertando-lhes alimentos e proteção constantes, desde que eles se proponham a plantar e construir os seus abrigos. Passadas ou vencidas as etapas nas quais o aprendizado é direcionado às necessidades materiais, entramos no domínio dos sentimentos e dos pensamentos nobres. Nesta nova fase, o Espírito procura entender a sua origem divina e aceitar o seu destino, buscando compreender o papel da religião, os caminhos da fé e das leis universais, considerando-se cidadão do mundo, mas ainda carente de forças que lhe deem segurança efetiva. A caminhada lhe parecerá infindável, contudo, ele perceberá o quanto já lutou, venceu e foi abençoado com a imortalidade da alma. Precisaria de ainda mais para ser feliz?

Sim. Um bom início seria o Homem reconhecer-se como filho de um Pai de amor e misericórdia plena, vivendo fases de crescimento constante e recebedor de todas as dádivas como recompensa pelo trabalho digno de um semeador de paz e luz.

O Universo, presente divino, é nossa área de ação pelo progresso geral, onde tudo ocorre com exatidão, na velocidade certa e obedecendo à constituição divina.

Agradeçamos pelo entendimento alcançado e ajudemos todos que tentam vencer as trevas da ignorância.

24
SEMENTES DO CRISTO

Há dois mil anos, fomos brindados com uma visita física muito importante, que nos deixou as sementes da felicidade para serem semeadas. Ainda não nos apercebemos, no entanto, que a colheita depende da nossa disposição em plantá-la.

A vinda de Jesus à Terra, pela segunda vez, foi para implantar o programa divino de criar novos dinamismos, mais eficazes, nos ciclos de desenvolvimento da humanidade. Valendo-se da Sua autoridade moral e intelectual, indicou caminhos e critérios capazes de nos tirar da inanição originada na falta de conhecimento das leis naturais. Com a Sua segurança, nobreza e simplicidade, reuniu grande multidão em torno dos barcos dos pescadores, nos montes e praças, para divulgar, por meio de novos ensinamentos e exemplos vivos, os artigos da Lei de Moisés, promulgada dois mil anos antes da sua vinda.

A Sua aparência simples facilitou-lhe a abertura de inúmeras portas, pois se identificava com o povo sofrido, desorientado e carente de quaisquer indicativos de progresso ou esperança em dias melhores.

Os tempos arrastavam-se, pesados e tristes, prenunciando a continuidade da pobreza de pensamento e das dores sem motivações aparentes. Todos os dias se pareciam, e desgastavam as poucas esperanças nos tempos das gloriosas dádivas cantadas pelos profetas, sacerdotes e religiosos de ocasião. Como acreditar em dias melhores se o mundo era dividido entre ricos e pobres, humildes e gananciosos, situados distantes uns dos outros, todos vivendo e compartilhando iguais tempos e espaços, respirando o mesmo ar e bebendo a mesma água?

Foi nesse contexto que, por amor ao Homem, o Cristo utilizou quase metade da sua existência humana a fim de se mostrar um poderoso farol, iluminando as mentes de todos e os caminhos de muitos viajantes do tempo, perdidos nos vagalhões das incertezas, sem portos seguros para abastecerem os seus depósitos dos bons sentimentos, alimentarem positivamente suas emoções e escolherem as rotas seguras para suas almas em desalinho. Ele utilizou, na realidade, os três últimos anos da Sua encarnação para caminhar de cidade em cidade, acompanhado por seus fiéis discípulos, pregando a boa-nova, ofertando um roteiro de luz para um futuro de conquistas e alegrias.

Mesmo com toda a Sua dedicação e desvelo, poucos Lhe deram a merecida atenção naqueles momentos de buscas desesperadas, sem atentarem para a qualidade dos alimentos da alma que eram ofertados gratuitamente.

Os Seus ensinos ainda servem de parâmetros seguros e atuais, conferindo-nos escalas precisas e valorosas para dimensionarmos as nossas atitudes e prevermos as suas reações no futuro de crença renovada pelo amor divino.

Não devemos nos deixar abater por pequenos desconfortos, que tentam nos desviar da senda do progresso, pois comparando as nossas preocupações com as suas dores, suportadas para servirem de sustentáculos da fé, percebemos que são migalhas os nossos sofreres e simples os tropeços. Em qualquer campo ou etapa de julgamento das situações que nos envolvem, usemos os apoios morais inseridos nas suas máximas, nas suas palavras simples, e desenvolveremos convicções precisas para não errarmos tanto, recebendo as tristezas como consequências lógicas das apostas.

Algumas vertentes religiosas apregoam a vinda, a volta de Jesus numa nova encarnação de glórias e conquistas. Erram todos os que creem nessa hipótese, porque o Seu trabalho de amor já se fez completo há dois mil anos. Mas podemos precisar que o Seu retorno para nos resgatar ocorrerá quando cada um abraçá-Lo, ofertando-Lhe aconchego, abrindo-Lhe as portas do coração, onde Ele deveria estar há bastante tempo.

Quando a quase totalidade dos habitantes do nosso orbe afinar seus sentimentos de acordo com o Evangelho, potencialmente Ele retornará, permanecendo entre todos os homens nos seus pensamentos, palavras e atos. Novas emoções nobres serão compartilhadas naturalmente e uma nova realidade será vivida pelo povo na sua busca pela paz interior, transformando todas as ondas de insatisfações e reclamações em calmaria, agradecimentos, palavras de consolo e esperança a todos os que ainda vagarem pelos vales da ignorância e das perseguições dos desorientados espirituais.

A nossa Terra já era um imenso campo produtor de felicidade, desde antes daquela passagem iluminada de Jesus por aqui, quando a Sua visita providencial nos resgatou da inércia do repouso espiritual por meio de um convite vigoroso e dócil: "Amar a Deus sobre todas as coisas e ao próximo como a si mesmo; eis a Lei e os Profetas".

Precisamos viver nossos desesperos com tanta frequência? Não! Apenas devemos agradecer ao Pai pela vida, pelas orientações seguras, pela nossa Terra de benditas oportunidades de felicidade e de amor incondicional, plantando, cada um em si mesmo, as sementes do futuro promissor, trazidas por Jesus.

25
MENSAGEIROS

Todos os homens carregam, no seu mundo íntimo, boas e saudáveis mensagens de união e paz, tendo capacidade de entregá-las a outros corações sedentos de felicidade.

Que tipo de mensageiros somos? Portadores de boas notícias ou apenas repetidores de mensagens de pouca valia para a alma sedenta de direções seguras e positivas?

Tanto tempo transcorreu, e, quando olhamos para trás, conseguimos realizar avaliações precisas e conceituar andanças próprias pelas mensagens assentadas nas nossas obras. Ao vislumbrarmos o futuro, nos assustamos com as imensas responsabilidades abraçadas livremente.

Por meio da distribuição de palavras certas e de atitudes fraternas dentro dos grupos familiares, iluminaremos os caminhos destes, com os quais, por necessidades espirituais mais urgentes, combinamos os reencontros, para lhes entregar as mensagens de amor e perdão pouco valorizadas nas vivências pregressas. Somos portadores altamente capacitados a entregar mensagens positivas, amorosas, alicerçadas na moral cristã e colaborar para o enriquecimento de todos os caminhos pelos quais tenhamos permissão de transitar.

Mesmo sendo portadores de grandes tesouros em forma de palavras ou atos, não teremos muito tempo para descansos prolongados e nem bastante segurança para entregarmos as divinas correspondências, já que existirão ainda, nos nossos caminhos, muitas almas desocupadas e desorientadas, guiadas por mentes desequilibradas, tentando barrar a divulgação do reino do Amor. Esses equivocados, por desconhecerem o valor real dos bons sentimentos, não aceitam a sua prática e tentam obstruir as forças que se transformam em felicidade. Alguns porque, indisciplinados, se comprazem com os resultados dos desregramentos e das indisposições que criam, temem o cristianismo e também outros credos religiosos sérios.

A disciplina é, para esses infelizes e ignorantes, o maior dos castigos, pois a ordem e a correção dos pensamentos exigem esforço e força de vontade para mudar. Por isso, tanto investem na tentativa de atrapalhar a disseminação e o recrudescimento das notícias milenares da boa-nova, impondo dificuldades aos mensageiros da paz. Porém, o Amor, invencível, paciente e benfazejo, haverá de sobrepor-se, lenta e continuadamente, às inúmeras armadilhas colocadas nos caminhos dos descuidados e humildes.

O Mensageiro Maior, quando trouxe as primeiras mensagens enviadas por Deus, foi, no início, ridicularizado, mas, depois de notada a sua posição de emissário divino, passou a ser perseguido, até o falso julgamento e a crucificação sanguinária. Ele deixou e confiou a alguns valorosos seguidores o cunho principal da revelação do Paraíso, porém não lhes falou de facilidades na hora das entregas das mensagens luminosas, e isso foi constatado na perseguição aos seus discípulos diretos. As mentes desalinhadas tentaram se apossar das cartas que os mensageiros conseguiram nos entregar com segurança – mesmo passados dois mil anos –, íntegras e totalmente legíveis e compreensíveis.

Percebemos, nestes momentos de crise pelos quais passa a humanidade, ser chegada a nossa vez de entregar as mensagens que temos nas mãos e no coração, pois os caminhos estão abertos, ainda com alguns obstáculos, e o povo, faminto de paz, aguarda as orientações. Até quando as reteremos conosco sem praticá-las é uma grande incógnita.

Somos os mensageiros da caridade de Deus, e é grande a responsabilidade de darmos continuidade ao trabalho iniciado pelo Divino Amigo, pois Ele acreditou na propagação do seu Evangelho e confiou-o aos nossos cuidados para posterior divulgação. Sejamos os bons mensageiros e o Amor terá a sua implantação no coração de todos os habitantes da Terra, viabilizando, desta maneira, a entrada no Plano de Regeneração com maior segurança e rapidez.

26
CÓDIGO IMUTÁVEL

A justiça dos homens, às vezes, deixa de punir algumas faltas cometidas. Porém, existe outra justiça, a divina, da qual nada escapa e que alcança desde a menor das infrações até o maior dos crimes naturais.

Somos abençoados com a chance de trabalhar com devotamento, e devemos honrar as oportunidades encontradas nos cruzamentos dos nossos caminhos com os dos nossos irmãos.

Não temos a consciência desperta para entender que cada um está no local mais apropriado para desenvolver as suas qualidades e aptidões, necessitando de orientações corretas para assim criar, pelas suas forças e vontades, a trilha da elevação espiritual. Quando nos detemos e refletimos a respeito dos acontecimentos da vida, percebemos quantas lições são apresentadas e como as avaliamos com descaso e falta de atenção. Nossos tesouros da alma crescem progressivamente na observância dos resultados, alegres ou tristes, das ocorrências diárias.

Porém, mesmo entendendo os recados nos avisos ligados às lições, demoramos a incorporá-los na pratica diária de nossas vidas, pois somos ótimos observadores e avaliadores das situações vividas pelos outros. Entendemos com clareza as leis naturais, aceitando-as com relativa facilidade, mas resistimos a elas, desejando que as consequências dos erros sejam cobradas do próximo.

Não nos equivoquemos, pois, por mais leves que aparentem ser os artigos da legislação divina, ninguém escapa ao seu jugo benéfico, tendo abençoadas as livres escolhas com alegrias, se houver agido com correção, e com tristezas, se as decisões tiverem sido equivocadas.

Tentemos relembrar todas as fases da nossa existência humana desde a infância, para a qual viajamos com saudades, e veremos à nossa volta, mesmo que tenhamos percorrido grandes espaços temporais, as repetições dos problemas, situações, escolhas do passado, apenas com as personagens substituídas.

Mudaram as leis, os códigos e os alertas divinos? Não!

Então, se as escolhas humanas são repetidas por décadas e a vigência das normas divinas não é anulada, fica fácil entender os mesmos caminhos doloridos materializados nos confrontos individuais, nas revoltas coletivas e nas guerras sangrentas, que hão de gerar milhões de caminhantes nas estradas das sombras.

Esses alertas, divulgados em períodos relativamente curtos pela espiritualidade superior, podem ser avaliados para servirem de guias seguros à humanidade, que os defende em teoria e deixa de praticá-los, pois está ocupada com a aquisição de bens perecíveis. Passa o tempo e chega a cobrança da conta, resultando em dívidas a serem resgatadas pelos constantes sofrimentos nas colheitas de paz deficitária.

O Homem entra novamente nos críticos momentos existenciais, desejando saber o que fazer para livrar-se dos infortúnios, e fará as mesmas perguntas, encontrando idênticas respostas, que já são do seu conhecimento. Promete a si próprio seguir na direção correta e alcançar a liberdade, mas continua investindo os seus minutos valiosos nas visões irreais e virtuais. Em tempos de colheitas, voltemos aos plantios e perceberemos as tantas falhas nos sustentáculos destes nossos dias atuais, desejando dar maior atenção às próximas oportunidades de ação.

Na experiência humana, tal história será repetida muitas vezes por cada um de nós, até percebermos a importância do ato útil, do movimento de transformação de dentro para fora, quando então os sentimentos dosarão as emoções e o equilíbrio da paz nos envolverá por completo, transformando-nos em seareiros conscientes e justos.

27
FINALIDADES

Toda a Criação obedece aos impositivos da Lei, cumprindo as suas finalidades. O Homem deve colaborar, vivendo em harmonia com a natureza.

Existem diversos tipos de ambientes, devidamente destinados a receberem atividades de acordo com a sua natureza programada.

As grandes florestas, com as suas árvores centenárias, exalam vida e proporcionam situações especiais à sobrevivência da fauna exuberante, que conta com a proteção da vegetação, livre das mãos do Homem. Os oceanos, com suas fossas abissais e suas magníficas extensões, abrigam ainda inumeráveis espécies vivas, preservadas das observações e agressões humanas. As geleiras, que, inicialmente, parecem desertos inabitáveis, colaboram de maneira continuada para a separação do sal da água marinha, fazendo-a potável e permitindo a vida de muitos organismos necessários à existência dos animais que as habitam. Os campos servem de receptáculos das sementes dos alimentos necessários ao Homem e de áreas onde são preservadas as gerações de várias espécies de animais. Nos quadrantes do nosso planeta, tornam-se fundamentais as criteriosas análises do todo e a sua preservação equilibrada para haver sustentabilidade da vida orgânica, na qual nos inserimos. No correto uso dos ambientes estão assentadas as nossas reais possibilidades de perpetuação da vida física, que nos concedem o crescimento espiritual, pois as nossas experiências humanas são realizadas amiúde no trabalho do corpo orgânico e sobre o solo fértil do nosso orbe.

Estamos vivendo e passando por momentos críticos, pois, pela negligência da população, o esgotamento dos potenciais de doação da Terra tornou-se acelerado. As desertificações dos prados mal cuidados, os desmatamentos sem controle, as queimadas criminosas, os assoreamentos dos potenciais hídricos, as emissões dos gases nocivos, o manuseio sem as devidas precauções dos elementos radioativos pelo próprio Homem acabam acelerando a derrocada da vida e desequilibrando, de forma quase irreversível, as harmonias mantenedoras dos organismos saudáveis.

A educação correta dos povos no trato com o meio ambiente deveria ser uma preocupação constante, pois temos o dever de proteger as fontes de energia, os campos de cereais, o ar que respiramos, os mananciais, compreendendo a urgência na ativação dessas ações. Demoramos

Sementes para o amanhã

demais, mesmo após os avisos constantes, para perceber a necessidade do despertar geral das nações em torno dos programas corretivos que sustarão o aniquilamento das fontes naturais de energia do planeta. Os dados referentes à devastação citada, divulgados amplamente pelos cientistas, são alarmantes.

Realizam-se periodicamente, a nível mundial, encontros de chefes de nações para assinarem protocolos, comprometendo-se a atingir metas despoluidoras e recuperarem o tempo perdido com o descaso aos avisos. Cabe observarmos que somente assinaturas em protocolos de intenções não evitarão o Apocalipse anunciado. As promessas de combate ao efeito estufa, melhoria na qualidade do ar, redução do aumento da temperatura da Terra, despoluição dos rios e mares continuam apenas no nível das intenções, pois nada é cumprido na prática e o problema se agrava.

Se algo não for feito de imediato, preparemo-nos para o final trágico desta história. Quando realmente tentarmos enfrentar as desarmonias causadas por nós mesmos, já não haverá mais tempo hábil para desarmarmos a bomba do desequilíbrio total, criada pelos desvarios do próprio Homem e sem códigos de desativação.

Começando agora, talvez recuperemos os ambientes, recriando as possibilidades de sobrevivência orgânica. Isso só será factível se houver conscientização geral do povo e adesão total ao trabalho de manter a natureza com a sua capacidade de nos fornecer energia, para termos vida em abundância.

107

28
AUXÍLIOS SILENCIOSOS

A aplicação da Lei Maior nem sempre é entendida pela humanidade, pois tentamos explicar o presente sem ligações com o passado. Mesmo incompreendida, a Lei avalia todas as nossas ações e as aprova ou nos encaminha para as renovações necessárias.

O Homem deve entender que, quando as oportunidades de trabalho se fizerem raras e a felicidade não surgir por merecimento, no horizonte existirão razões ocultas e incompreendidas a lhe solicitarem paciência e resignação diante das leis naturais, às quais está submetido. Ele não deve querer julgar os projetos nascidos na sua infantil ignorância ou nos parcos conhecimentos que detém, pois existem ainda muitos caminhos velados aguardando que seus passos titubeantes os trilhem.

Em cada escolha efetuada, novas visões e emoções haverão de cobrar empenho, ensejando ajustes às situações de sobrevivência mais enriquecida. Toda e qualquer situação inédita, se estudada com atenção e desejo de aprender, ofertará indicativos com alto potencial de imprimir velocidade ao progresso do aprendiz, sedento de luzes e da verdade libertadora.

Somos escravos das consequentes escolhas individuais e podemos perceber com clareza os níveis de utilização do livre-arbítrio e da inteligência. A Lei Maior não nos beneficia ou prejudica, ela somente explica com exatidão os prós e os contras que se seguirão às decisões dos homens.

Observamos também, com preocupações e angústias, o distanciamento alargado entre as populações do mundo, mesmo que as religiões tradicionais trabalhem febrilmente, tentando nos alertar sobre a necessidade de compreendermos e praticarmos os sentimentos nobres. Existem os movimentos religiosos sérios, que esclarecem sobre a doutrina de libertação das mentes, despertando -as da inanição involuntária em que estacionaram por conta das confusões criadas na escolha dos Reinos dos Céus e da Terra.

Passaram-se os séculos e os erros se repetiram com similaridade, demonstrando a inquietante falta de objetividade na divulgação das doutrinas estimuladoras da busca da Verdade. Mesmo nestes tempos de fácil comunicação global, continuamos a divulgar as direções espirituais equivocadas, seguindo líderes desorientados e, não raro, intuídos pelos convites dos seres extracorpóreos a serviço do desamor.

Torna-se cada vez mais necessária e urgente, nesta batalha entre as forças do bem e do mal, a interferência segura e a união verdadeira das falanges sob as diretrizes cristãs, para anular a predominância das energias negativas e divulgar com excelência a verdade divina, reduzindo as áreas da ignorância e das maldades humanas.

A fórmula entregue na Terra há dois milênios pelo Sublime Peregrino em nada se modificou, pois continua sendo o farol salvador dos que buscam as indicações da paz e do equilíbrio. Notamos a sua força junto àqueles que desenvolveram a fé raciocinada e obtiveram acesso aos seus desejos íntimos e verdadeiros.

Alguns duvidam do Evangelho, julgando-o ultrapassado. A isso respondemos, em conformidade com a espiritualidade superior: "Ou nada entenderam ou nunca o praticaram verdadeiramente". Acrescentamos ainda que a fé não deve ser receitada, mas adquirida na sua prática natural.

Se a vida não nos trouxer os sorrisos nem as alegrias desejadas, certamente ainda não terá chegado a hora de recebê-los. Continuemos a trabalhar e tentemos fazer crescer a fé no Criador. Somente a prática do trabalho e da fé trará, no tempo certo, os sorrisos e as alegrias.

29
NOSSO PLANETA

A Terra apresenta todas as condições para oferecer o aprendizado e o crescimento espiritual ao Homem, mas tudo dentro das vontades e dos desejos de cada um.

O nosso planeta é um grande oceano de fluidos, largo e profundo o bastante para receber toda a família de Espíritos que formam a espécie humana terrestre. Nele, muitos ambientes se interpenetram e se separam, carregando consigo as suas características naturais, que se aproximam dentro das necessidades urgentes e se afastam quando completados os ciclos programados pelas almas beneficiadas.

Verificamos com naturalidade, nesta terra de oportunidades, dois planos de naturezas diferentes que se complementam, visando oportunizar as situações de crescimento espiritual da psicosfera planetária. Tanto o plano denominado material ou físico, visível aos olhos dos encarnados, quanto o espiritual, morada dos libertos da carne, apresentam uma singularidade excepcional: com a educação de um tipo de sensibilidade, somada a uma parcela de atenção, consegue-se, mesmo que por breves instantes, algumas ligações que oportunizam as comunicações espirituais, independentes dos aparelhos criados pela ciência.

Num sentido próprio, a Doutrina dos Espíritos denomina Mediunidade a capacidade, mais ou menos ativa, de perceber as atividades dos espíritos libertos da matéria densa. Jesus foi o mais perfeito médium renascido na Terra, pois recebia diretamente de Deus o programa de Amor – o "popular" Evangelho –, pelo qual tentamos guiar as nossas ações. O Decálogo foi confiado ao próprio Moisés por meio de processos mediúnicos. Assim também vários profetas deram origem às preciosas orientações sobre o futuro da humanidade.

Se é possível o telefone ligar "de lá para cá", também existe reciprocidade quanto aos pensamentos emitidos por nós, os encarnados, buscando amparo junto aos amigos desencarnados. Nos momentos das orações, enquanto agradecemos, louvamos e pedimos, todos os nossos pensamentos ultrapassam as barreiras da materialidade e alcançam os destinatários e os seres a quem nos dirigimos. Esse intercâmbio é natural e ininterrupto, sendo positivo reforço aos nossos trabalhos diários, porém também pode criar muitas confusões e embaraços quando lograr sintonia entre energias em desequilíbrio moral.

No estudo da Doutrina dos Espíritos, recebemos uma resposta clara quando Kardec questionou se os Espíritos influenciavam os nossos pensamentos: "Muito mais do que podeis imaginar; frequentemente são eles que vos dirigem". De imediato, ficará assustado quem não for esclarecido sobre a Lei de Sintonia e Reflexão, que explica que "os iguais se unem e os desiguais se repelem". Logo, concluímos, sobre as influências dos Espíritos, que elas só serão efetivadas se houver sintonia de pensamentos, vontades e objetivos.

Cada um de nós pensa livremente, e, com esses pensamentos, atrai os semelhantes, ou seja, aqueles com os quais se afina. As defesas contra as arremetidas das forças do mal são os escudos morais, criados e desenvolvidos na prática consistente das virtudes constantes no Evangelho. Lembremos: "Quem não deve, não teme".

Ao realizarmos as escolhas, estabelecemos direções para caminharmos em determinadas estradas, nas quais conviveremos com outras personagens iguais a nós em características e sintonias. O oceano da vida é extenso, ora calmo, ora agitado, ora visível, ora oculto, mas cada um perceberá e viverá exclusivamente dentro dos limites que suas sintonias determinarem.

Vivamos em paz, sejamos caridosos e o Amor será o nosso bom cartão de sintonia e apresentação por onde desejarmos transitar.

30
LEITURAS

Devemos estudar com atenção as aparências e as atitudes das pessoas, pois nem sempre demonstramos no rosto aquilo que carregamos no coração.

Será que as lágrimas vertidas demonstram tão unicamente tristezas e angústias ou elas podem aparecer também nos momentos de grande euforia e regozijo? E os sorrisos estampados nas faces denunciam somente alegrias ou, por descontrole, alargam-se naqueles momentos de aflição, que ampliam os espaços pós-derrotas e decepções?

A leitura dos rostos nem sempre é fácil, pois a espécie humana demonstra ou externa os sentimentos de forma particular. Torna-se quase impossível determinarmos de forma categórica que um tipo de sorriso ou de lágrima externe de modo absoluto o amor ou a dor de cada coração. Existem inúmeras situações nas quais a caridade se fez presente levantando os fracassados, orientando os desiludidos e extinguindo a fome cujo agradecimento dos beneficiados e benfeitores é feito por meio das emoções lavadas com lágrimas. Ocorrem, de forma inversa, os sorrisos de desdém dos agressores ignorantes após pisarem e destruírem os sonhos dos seus desafetos, que tentavam trabalhar e mostrar as suas boas obras. As razões que nos fazem felizes ou tristes estão associadas às escolhas dos caminhos corretos ou equivocados. Faz-se necessário o trabalho árduo e ininterrupto de divulgação das leis que nos darão a segurança e a direção da colheita farta. A vida nos oferta facilidades em demasia, tornando-nos lentos na semeadura e acostumados ao pouco esforço. Achamos que tudo se resolverá com o passar das horas, porém essas horas tenderão a ser improdutivas e estéreis se não dinamizarmos os espaços e as inter-relações pessoais. As movimentações dos seres e as transformações impostas à matéria física criam as energias que alimentam todas as instâncias do Universo.

O progresso de um campo de serviço dependerá sempre das fundações erigidas anteriormente por humildes e anônimos operários, que nos antecederam e doaram tais embasamentos. Por isso, mesmo que não consigamos compreender as situações encontradas, saibamos das responsabilidades e do dever de colaborar com os nossos antecessores, os quais nos legaram obras preparadas, parcelas e fundações do futuro dos próprios reencarnantes. Nessa sequência contínua, voltamos aos locais do nosso passado, transformados constantemente pelos operários que se sucederam e enriqueceram as glebas que ajudamos a semear.

Nessas etapas citadas, as convivências prolongadas nos permitirão reconhecer os gestos, os sinais, os sorrisos e as lágrimas uns dos outros. Precisamos nos dar a chance de melhor aproveitarmos os reencontros propiciados pelas reencarnações, e isso só será possível se tentarmos entender as ações e as emoções dos nossos pares.

Somente com paciência, compreensão, humildade e benevolência conseguiremos nos aproximar uns dos outros tempo suficiente para compreendermos as mensagens dos corações, externadas por meio dos sorrisos e das lágrimas que marcam, constantemente, os nossos rostos.

31
HISTÓRIAS CONHECIDAS

A vida espiritual é a soma das sucessivas etapas reencarnatórias, repetidas constantemente para que o aprendizado seja realizado. As histórias do passado relembram os caminhos positivos e negativos.

Quantas histórias deveremos ouvir, atentos aos acontecimentos narrados, com paciência e clareza, até conseguirmos desvendar os mistérios escondidos nas suas entrelinhas e aproveitar os exemplos criativos nas nossas existências de dúvidas?

As narrativas encerram, no jogo das palavras, muitas orientações seguras; algumas simples, outras de complexa compreensão, mas todas cumprindo a sua função de levar à frente, isto é, ao futuro a fotografia de algum momento de sucesso ou minuto de fracasso. Sejamos ouvintes atentos das tais histórias repetidas, tentando retirar de cada capítulo relembrado novos sinais e nuances das experiências ou aventuras em exposição.

O que é a vida, senão uma série recorrente de tentativas frustradas e desgastantes, até o momento em que descobrimos as senhas das portas dos acertos, que nos revelarão outros relatos inéditos e benéficos?

O conhecimento abençoa e enriquece o espectador atento aos resultados positivos das escolhas alheias, os quais abraça, confiante, como indicativos de paz e trabalho útil.

Os ouvintes mais humildes captarão, com maior eficiência, as mensagens ocultas nas narrativas simples, enquanto os prepotentes e orgulhosos apenas reclamarão da puerilidade dos fatos apresentados. As próprias parábolas cristãs são ainda catalogadas por algumas mentes obtusas como histórias feitas para reunir ignorantes em torno de um ideal de nulidade chamado Amor.

Jesus narrava histórias com ensinos morais, alertando a respeito da responsabilidade sobre as ações e pensamentos, que gerariam consequências naturais. Essas narrações ou parábolas foram sendo repetidas incansavelmente, e, mesmo após dois milênios, continuam sendo incógnitas para a maioria dos cristãos. Ou não são levadas a sério, ou não se fazem compreender. O certo é que repetidamente são relembradas e pouco seguidas.

Quando forem aceitos os convites de ver e ouvir, abriremos maiores espaços aos narradores, prestando redobrada atenção às suas palavras, que recordam o sucesso e os fracassos dos nossos antepassados. Lembremos sempre: "O Homem se repete nos equívocos" e também nas dores, ambos ocasionados pelos enganos.

A verdade sobre os caminhos é buscada com sofreguidão e pressa exagerada, não sobrando tempo nem lugar para, em total sossego, nos determos e ouvirmos sobre o passado. Isso nos ajudaria a refletir sobre os problemas diários e a perceber suas soluções práticas, ressaltadas nas histórias passadas e retratadas pelos narradores.

Agradeçamos pelas novas existências concedidas nas reencarnações, porque elas nos permitem desenvolver as sensibilidades necessárias, capazes de nos proporcionar novas leituras e audições daqueles contos tantas vezes escutados sem o devido preparo. É muito bela esta vida do Espírito em constante crescimento, derivado das suas ações meritórias no seu trabalho amoroso e, principalmente, nas reedições das existências. As etapas sucessivas servirão de temas adjetivados às narrações dos contadores de histórias aos homens do futuro.

Se agirmos com sabedoria, logo nos tornaremos bons narradores de experiências humanas. Se nos contentarmos com aquilo que acumulamos, não desejando mais crescer, continuemos apenas como bons ouvintes dos contos sobre as experiências humanas do passado.

32
FAMÍLIA-ESCOLA

Os grupos familiares oportunizam os reencontros dos Espíritos para administrarem os sentimentos preexistentes, possibilitando o progresso espiritual do grupo.

No transcorrer das existências terrenas, para aproveitarmos as experiências humanas, somos abençoados com o convívio do grupo familiar, ofertando a todos a prática do amor, da caridade, do perdão e, consequentemente, o crescimento espiritual.

Somos alertados sobre a importância dos reencontros, possibilitados aos Espíritos carentes de equilíbrio e conhecimento da vida. As famílias carregam em comum a consanguinidade, os caracteres físicos e os códigos genéticos, mas o valor maior, ainda não percebido, deve ser atribuído aos programas de recuperação dos sentimentos, feridos nos embates desnecessários, frutos do egoísmo e da vaidade, exacerbados pelas cruezas dos sentidos adormecidos.

Mesmo lentamente, o Homem preserva a família, dando-lhe o seguimento cultural, plantado desde os tempos primevos, copiando maquinalmente os costumes da Antiguidade. Muito crescemos na compreensão das atribuições entregues aos pais, aos avós, e isso tem modificado de forma marcante as ações produtivas dos grupos espirituais, particularmente reunidos nos grupos domésticos. Mas existe um longo caminho a ser percorrido pela humanidade até que ela alcance o objetivo natural de ser admitida na comunidade sideral.

A Terra, escola das almas, conta com a preciosa colaboração dos grupos familiares para alcançar o desenvolvimento mínimo dos indivíduos, levando-os a compreenderem, por si só, os desígnios superiores e as suas atribuições pessoais no crescimento do todo universal. Não ocorrem gerações espontâneas, pois os acontecimentos generalizados são dependentes de fatos ativadores de novas energias e dinamismos. Então entra em cena a célula *mater* da sociedade, a menor e mais importante escola da alma humana, revivendo e alimentando os pensamentos avaliadores e críticos que originarão e manterão os novos dinamismos efetivos, os quais hão de se somar aos elementos preexistentes, ofertando-lhes reforços e sobrevida, eternizando o progresso mundial.

O trabalho é oferecido ao Homem com a intenção de movimentar sua inteligência, mostrar-lhe a importância dos conjuntos e da participação colaborativa, por meio da qual realizamos mais com menos esforços.

33
SOLIDARIEDADE

Um mundo mais solidário permite convivências saudáveis, em que todos se ajudam e amparam os que se apresentam carentes.

A solidariedade é a principal característica da natureza, mas infelizmente o Homem não a percebe, pois está constantemente envolvido na busca das soluções para os seus problemas, os quais poderiam ser resolvidos se ele copiasse, mesmo que de forma imperfeita, as emanações dos ambientes naturais onde vive.

A Terra nos oferta a sua ajuda, pedindo como retribuição o trabalho eficiente, a lealdade em defesa dos carentes e a atenção no trato responsável da tarefa incumbida. Lembrando Meimei no livro *Pai Nosso*, de Chico Xavier, citamos o Vento, que teve por missão espalhar as sementes dos vegetais e varrer os caminhos, mas, por decisão própria, resolveu soprar também para cantar, embalando os doentes e as criancinhas. E a Flor, cuja missão era preparar o fruto, entretanto, por decisão sua, aproveitou para perfumar até mesmo os lugares mais impuros. E a Árvore, que recebeu a tarefa de auxiliar o Homem, contudo, estendeu-se para amparar igualmente as fontes, os pássaros e os outros animais. Essas explicações foram oferecidas a um crente sincero na bondade do Céu, desejoso de colaborar para a construção do Reino de Deus, e o ajudaram a compreender que o propósito do seu sonho era "ajudar os outros, sempre mais, a cada dia, algo mais do que seja justo fazer".

Buscamos as fórmulas e os meios eficazes para nos transformarmos em "anjos do Senhor", mas somente realizamos as tarefas dentro do mínimo que nos é exigido, e ainda só se estivermos sendo observados. Então, como iremos mudar esta situação de graves conflitos íntimos que, embora pequenos, quando reunidos, têm o poder e a força destruidora da guerra fratricida? Ou mudamos as nossas condutas ou seremos engolidos pelas consequências das catástrofes criadas pela ignorância galopante.

Devemos gerenciar, com precisão matemática, as poucas chances de trabalhos edificantes que conseguirmos identificar e, depois de obter sucesso, passar para outras fases criativas, extensoras das antecedentes, abraçando outras funções para as quais tenhamos aptidões e que possam enriquecer nossos caminhos. A vida só parecerá

Sementes para o amanhã

pobre de oportunidades àqueles que se negarem a enxergá-las e se recolherem aos locais chamados "zonas de conforto", onde esperam pelos milagres que jamais ocorrem, pois contrariam as leis naturais.

Emmanuel alerta sobre o nosso mundo "em reconstrução", onde cada um deve cumprir as suas funções e, se possível, auxiliar os outros operários inabilitados, orientando-os na escolha dos rumos e dando o exemplo de solidariedade. Se cada habitante do planeta oferecer algo mais, além das suas atribuições, estará sendo visto como bom exemplo a ser seguido e recebendo os benefícios extras por ajudar na construção do reino da felicidade.

As nossas ações tornaram-se automáticas, confusas e individualistas, colaborando para a disseminação dos movimentos isolacionistas, o que nos separa, tornando-nos fracos e desanimados. O ser social necessita de convivência para estar seguro e crescer por meio das experiências compartilhadas no conjunto natural. Observemos os reinos da natureza oferecendo-nos os seus exemplos, as suas ações benéficas e gratuitas. O acaso não preside as leis de Deus.

Dos fenômenos naturais, poderíamos copiar os seus modelos positivos e nos convencer de que a Lei Maior tenta nos conduzir, mais rápido e com simplicidade, ao reino da paz.

34
ESCOLHENDO OPÇÕES

A espécie humana necessita ser livre e viver feliz para entender os objetivos da Criação e produzir o progresso geral.

Precisaremos, ainda, de mais uma extensão de tempo para nos convencermos de que a felicidade e a liberdade são os estados precursores do desenvolvimento dos pensamentos criativos, um direito divino enviado a toda a humanidade. Não devemos, então no uso dos nossos direitos e no cumprimento dos nossos sagrados deveres, aceitar manter qualquer mente escravizada, impossibilitada de colaborar para a grandiosa obra de acelerar a caminhada da espécie humana na estrada da libertação espiritual.

Os homens pouco entenderam os recados e as orientações divinas trazidas por Moisés e se lançaram numa corrida desenfreada de conquistas equivocadas, que em nada colaboraram para a obtenção dos prazeres celestiais e espirituais. Os séculos foram se repetindo e catalogando tristemente as consequências dos desmandos praticados após as interpretações mal embasadas dos Mandamentos, falseadas por orientadores inescrupulosos e despreparados para auxiliar as falanges espirituais, que desejavam implantar a paz nos corações dos homens, onde tudo começa, para o bem ou para o mal. Enormes perdas ocorreram ao longo das gerações intempestivas de ações agressivas e incoerentes que colocaram os povos uns contra os outros, ao serem criados antagonismos religiosos e ódios irracionais para agradar a sanha do poder efêmero e temporal na busca de riquezas materiais.

O Reino dos Céus se ganha com méritos alcançados nas ações simples de cooperação e auxílio ao próximo, sem contrapartidas ou imposições. A Terra estará mais feliz quando os homens, no afã de alcançarem as riquezas, compreenderem que a paz de espírito e a consciência livre e sadia são os seus maiores tesouros, ofertados do mesmo modo e dormitando dentro de cada um.

As obrigações originadas nas lógicas sociais transformam-nos em escravos de um tempo perdido e desperdiçado inutilmente por falta de atenção nos verdadeiros sinais capazes de orientar para a aceitação dos degraus da subida espiritual. No final dos estudos e das reflexões sadias, acertadamente notaremos que nos tornamos presas fáceis dos programas desligados da libertação e da felicidade. Criamos monstros alimentados pelo ódio, pelo orgulho, o que nos ofusca as visões de alforria da alma e da luz do conhecimento.

De início, todas as portas se parecem, e somente saberemos o que existe atrás delas depois de as ultrapassarmos. Então, saibamos identificá-las com astúcia, calma e atenção, porque certos retornos tornam-se dificultados pelas consequências das próprias escolhas. Receberemos convites com importâncias diferenciadas, uns ricos, outros pobres, a nos solicitarem a atenção, a avaliação e o aceite, cabendo-nos o ônus da escolha pessoal, pela qual responderemos.

Um simples deslocamento num campo desajustado poderá nos legar tristezas e cegueira ocasional, transformando-nos em escravos de minúsculos erros continuados, desaguando em enormes tragédias individuais e coletivas. Essas hecatombes ocorrem a partir de fatos geradores, aparentemente inconsequentes, que, na soma, assemelham-se a gotas d'água de tempestades destruidoras.

Cuidemos com carinho do nosso tesouro dos conhecimentos, colocando na prática diária os elementos que criam crescimento positivo e promovem o progresso geral. Avaliemos os convites, aceitando pela razão os promotores de paz, libertação e felicidade.

35
OBRAS DIVINAS E HUMANAS

Todas as obras, sejam elas divinas ou humanas, seguem os mesmos roteiros: planejamento, desenvolvimento e acabamento. Se os ciclos forem obedecidos, as edificações serão sólidas e bem acabadas.

As grandes obras divinas têm planejamento, desenvolvimento e término, cumprindo ciclos completos e interligados até o seu acabamento final. Elas são resultantes das operações desenvolvidas nas pequenas ações, que seguem também os mesmos critérios, pois obedecem às leis universais e regentes naturais.

Não existem movimentações de energias nem dinamismos dispersos pelo Universo sem utilidades providenciais. As galáxias, as nebulosas, as estrelas, os mundos dispostos no espaço sideral têm sua importância e utilidade, colaborando, solidários, para o todo.

Cada objeto inanimado, cada ser vivo é criado para ter espaço e emprego no Universo, cumprindo as suas etapas pré-estabelecidas, e colaboram obedecendo aos limites temporais a eles concedidos pelas legislações naturais. O Homem, ser inteligente, entra no campo da compreensão dos porquês da sua origem e de como poderá utilizar os seus atributos físicos e espirituais na preciosa colaboração individual e intransferível, auxiliando na manutenção e harmonia dos conjuntos nos quais merecerá trabalhar.

O Universo é a casa dos Espíritos, criada pela Providência, dividida em níveis de progressos constantes, para servir de escola da alma humana e dos demais seres, ainda irracionais. Dentro dos critérios da criação do Espírito, existe um encadeamento perfeito, desde o ser espiritual, simples e ignorante, até o mais perfeito Espírito humano. Porém, somente o estudo, o trabalho e as experiências práticas darão ao aspirante da felicidade as possibilidades de buscar livremente os verdadeiros tesouros da alma.

O trabalho é proposto a todos os alunos igualmente, de forma que todos os direitos poderão ser alcançados com o cumprimento dos deveres abraçados. De tempos em tempos, segundo orientações da lei natural, são realizadas as avaliações do conjunto dos trabalhos executados, pesando-se desde as maiores ações até o menor dos pensamentos, sendo, então, reconhecidos os méritos de todos os obreiros.

Igual a todos os mundos, aqui, na Terra, a remuneração do bom operário será maior do que o salário dos relapsos. Quando comparamos a felicidade da alma aos salários pagos aos trabalhadores humanos, torna-se compreensível a causa de tanta infelicidade e sofrimento. O Cristo já nos alertou que a Terra não é um mundo de felicidade, certamente porque ainda não trabalhamos efetivamente para merecê-la. Normalmente, nos são concedidos tempo e orientações para melhor conduzirmos as nossas etapas reencarnatórias, mas não existem fundadas preocupações de nossa parte com os espaços e os indicativos para a luz. Estamos sempre em avaliação, desde o nascimento até a morte do corpo físico. Se houve a atenção correta, se observamos e compreendemos os sinais e os indicativos, abraçando o trabalho generoso à alma, chegaremos com júbilos e agradecimentos ao término da obra planejada, trabalhada e concluída, com direito ao salário integral. Porém, recorrendo às fugas, mesmo tendo conhecimento da importância da tarefa, o operário negligente quanto à avaliação da sua vida material poderá levar consigo os frutos do descaso e da desconsideração da Lei Maior, recebendo como salário as dores da alma e o remorso pela sua rebeldia.

Aproveitemos estes tempos em que podemos ver, ouvir e decidir por melhores plantios e fartos caminhos, com chances de trabalharmos junto ao maior dos semeadores. Ele nos ensina as melhores técnicas de plantio e os meios de escolhermos as sementes certas.

Atentemos, pois o plantar bem sinaliza colher mais.

36
LIBERTAR CONSCIÊNCIAS

Os caminhos do bem e do mal se entrecruzam, solicitando atenção redobrada na hora de observarmos os indicativos corretos para a libertação espiritual.

Quando o Evangelho começou a ser apresentado aos homens por Jesus, todos ficaram maravilhados com a clareza das palavras, que cativavam os corações dos humildes, criando neles novas esperanças em tempos de farta felicidade e de ricas colheitas. O Grande Mensageiro de Deus chegou mansamente, com humildade e nobreza, fazendo calar os defensores dos antigos dogmas paralisantes das consciências e das ações benévolas.

De início, poucos perceberam o valor da boa-nova, a profundidade dos ensinamentos e a simplicidade com que poderiam ser praticados. Até as maiores autoridades entre os homens deixaram que Ele falasse livremente sobre os caminhos da felicidade, lugares de venturas plenas e reino de amor maior. Abriram os espaços e o tempo necessário para a implantação do programa de educação da alma, cuja consequente satisfação espiritual pela prática da caridade e do amor fraternal haveria de substituir a barbárie, a brutalidade exagerada e a violência, alimentadas pelo uso da força bruta.

Quando as autoridades governamentais e religiosas existentes, que se amparavam nos desmandos, perceberam a importância daqueles valores cativantes, encaixados naturalmente nas palavras de um simples carpinteiro, eles já haviam fincado raízes profundas nas almas dos carentes e começavam a produzir as sementes que modificariam de vez o modo de pensar e agir dos humildes e carentes de luz. Logo, com ações de total ignorância, agitaram a opinião pública, taxando o Mensageiro de mentiroso, pois movimentava as massas humanas prometendo-lhes o tal Reino dos Céus.

Daquele modo, vendo as suas ambições ameaçadas, usando as palavras na medida certa, adequando-as aos seus interesses, conseguiram estimular um levante popular, culminando com o julgamento tendencioso que abateu o corpo físico de Jesus. Pensaram que, matando o homem, estaria sepultada a sua mensagem luminosa de amor. Entretanto, o tempo demonstrou a grandeza da missão do Seareiro Maior, possibilitando-nos o conhecimento básico da Lei, capaz de nos tornar aptos a separar as sementes boas das más.

E como progredimos nesta ciência de vida chamada Amor, que, mesmo pouco praticada, deixa marcas positivas em qualquer solo onde for plantada. A responsabilidade abraçada ao travarmos contato com o Divino Amigo faz-nos também mensageiros da boa-nova, convencendo-nos a cuidar das colheitas que haverão de cobrir todo o planeta com o manto protetor do pensamento cristão.

Logicamente, surgem os questionamentos sobre várias correntes religiosas oriundas de programas espirituais apresentados por outros mestres que não Jesus, mas equivalentes ao Evangelho. Afirmamos com segurança que as mensagens procedem do mesmo remetente, apenas foram trazidas dentro das necessidades dos povos em tempos distintos por mensageiros com sabido conhecimento e imenso amor pela humanidade. Esses abnegados amigos foram exigidos ao máximo nas suas missões divinas; alguns sacrificaram as vidas terrenas para que entendêssemos o valor do Amor como força libertadora, capaz de nos situar em níveis mais elevados nas aquisições da Verdade.

Agradeçamos aos mensageiros celestes, que nos fizeram e fazem compreender as forças impressas nas palavras das mensagens de paz e luz.

37
SEGUIR JESUS

Ele é o Caminho da Verdade e da Vida. Com Ele, abriremos as portas do Paraíso. Sem Ele, a caminhada será terrível, cheia de choros e ranger de dentes.

Nada representa com tanta precisão a caminhada de Jesus na Terra quanto o Amor. Esse sentimento encerra em si todas as características nobres dos reais condutores da humanidade no rumo das claridades celestiais.

A velocidade imposta pelos trabalhadores da imensa seara aos seus próprios passos não são quantificadas em números, mas em qualidades positivas e criativas de paz. Quem segue pelas trilhas de luz apontadas por Ele, certamente andará mais rápido, mesmo precisando se deter amiúde para enxugar lágrimas e pensar feridas.

Até o advento do Cristo, nosso Guia e Mestre, a supremacia da força dos brutos causava desânimos, com torturas infindáveis praticadas contra os humildes e carentes materiais. O reino dominador era o da ganância e superioridade da ignorância, não havendo espaço para a esperança e a fé. Muitas oportunidades de reencontros espirituais foram adiadas por falta de esclarecimentos corretos e de entendimento das propostas enviadas pela espiritualidade superior por meio das religiões.

Se, hoje, com as facilidades ofertadas pelos meios de comunicação e pelos exemplos que corroem o mundo, mostrando as tristes consequências dos erros e das más decisões, a humanidade não consegue viver como uma grande família universal e fraterna, que dirá no passado, quando a quase totalidade dos povos era analfabeta e carente de orientações morais e religiosas!

Queiramos ou não, as religiões desenvolveram, mesmo que precariamente, freios para a maldade humana, criando as assustadoras figuras do inferno e do purgatório. Até compreendermos quais papéis e personagens deveríamos interpretar no transcurso das nossas existências, fizeram-nos crer em um Deus parcial, violento e raivoso que, com o Seu poder supremo, agia como os déspotas e tiranos mais cruéis.

Com a chegada do Messias – que fora esperado erroneamente como um comandante decidido a liderar uma grande guerra belicista contra os embrutecidos, os ricos e os tiranos –, aprendemos a conquistar o Reino dos

Céus com a humildade, a caridade e a fraternidade, essências mais poderosas do que as armas materiais, criadas para subjugar e causar danos físicos. Pela palavra branda, mas robusta, conseguimos perceber as chances reais que todos teríamos de conquistar nossa alforria espiritual, pois o nosso Deus é Amor e, com Ele, tudo podemos, se nossos desejos forem sinceros e justos. Tem sido assim, lentamente, pelas repetições e correções dos hábitos.

Vivendo intensamente as experiências, desde o ontem até o hoje e o amanhã, entraremos na rota do crescimento espiritual, seguindo com convicção e fé raciocinada o Homem que nos apontou a trilha da luz. Ele oferta a candeia para iluminar o caminho de todos os Espíritos que desejam trabalhar para o engrandecimento da espécie humana, habitáculo do Espírito inteligente, imortal e livre para pensar, escolher e responder por si.

Graças ao Cristo, "as portas do Paraíso" alargaram-se à nossa frente, e só não as ultrapassarão aqueles que negarem o Amor como forma de salvação e bem-aventurança.

38
RENOVAR ENERGIAS

Os elementos que formam as harmonias materiais e espirituais, na sua origem, podem ser áridos e improdutivos, mas pelas mãos dos homens, a partir de condutas honestas e equilibradas, são transformados em campos de sustentação e renovação de energias positivas.

Terrenos áridos e secos poderão ser transformados pelas mãos operosas de um bom trabalhador em glebas férteis e produtivas, onde muito será colhido, alimentando os famintos e podendo ofertar árvores com sombra protetora aos viajantes do tempo. Qual homem deixa de agradecer ao se alimentar e encontrar abrigo para descansar o corpo depois de empreender uma longa caminhada sob o sol inclemente e sobre o solo pedregoso que lhe fere os pés?

Por maior que seja a ignorância e o desconhecimento dos propósitos das suas migrações, sempre caberão os

Sementes para o amanhã

agradecimentos e os suspiros de alívio dos andarilhos no final de cada etapa das viagens contínuas, ao cair da noite reconfortadora, quando se encontrarem sob a proteção de uma cobertura, reclinados em leitos de capim ou em lençóis de seda pura. A satisfação vivida nos momentos de repouso físico ou espiritual facultará aos seres a revitalização das energias e o espaço de tempo necessário para realizarem suas orações diárias e traçarem os rumos seguros do novo dia de trabalho.

Os abrigos e proteções são necessários e importantes, porém existem também inúmeras outras vertentes de forças silenciosas e invisíveis aos olhos materiais que realizam as compensações dos desgastes ocorridos e nos isolam das investidas dos agressores incorpóreos.

Buscamos os ambientes saudáveis e equilibrados quando necessitamos dos reforços para concluirmos as jornadas desgastantes que escolhemos, nas tentativas de transformar o solo árido dos nossos pensamentos em mananciais doadores de nobreza e apoio caridoso. A oração é um desses campos de recomposição e rearmonia espiritual, no qual a concentração sincera estimula a ligação com as potências divinas, permitindo-nos as avaliações precisas das ações diárias pregressas, convidando-nos às correções necessárias dos equívocos cometidos. Devemos manter nosso estado de consciência em constante vigilância e em sintonia perene com os indicativos evangélicos, porque somente assim viveremos a certeza da ação meritória e justa. Cada degrau galgado com esforço e conhecimento prévio, adquirido no saciar das nossas necessidades, permite-nos estacionar provisoriamente em patamares mais elevados, fornecendo-nos horizontes mais ampliados e claros.

O Espírito humano, em crescimento ininterrupto, tem sede de saber, mas a sua ânsia em desejar a Verdade de uma só vez torna as suas caminhadas muito complicadas, inseguras e infrutíferas. Todo conhecimento adquirido pelo Homem foi alcançado aos poucos, parcela por parcela, promovendo o amadurecimento e a compreensão das descobertas importantes, a fim de que as mentes áridas e obtusas pudessem crescer lentamente, tornando-se férteis e produtivas.

Existem muitos mundos em formação material inicial, onde a humanidade começa a sua jornada aquisitiva das sementes do saber universal. Estão ainda aquelas individualidades adentrando o campo dos conhecimentos, esperando as modificações naturais concedidas pela bondade divina; haverão de se transformar, após inúmeras jornadas e outros tantos descansos, em terrenos produtivos, onde o Amor fará morada pacífica e identificará mais um laboratório de progresso universal.

Às vezes, somos terrenos áridos, férteis ou produtivos; outras, representantes de oásis agradáveis a doar o alento, o apoio e a energia contagiante do Amor Crístico, sob o patrocínio da Lei Maior.

Os seareiros têm as boas sementes e o manual do cooperativado, com as instruções adequadas a todos os momentos e situações de plantio. O Homem, ser inteligente, é coautor da Criação; tudo passa pelas suas mãos, com a permissão divina. Estando em sintonia com o Amor, por certo seremos os melhores plantadores do Universo.

39
OBSERVAR PARA APRENDER

A busca do conhecimento e do entendimento das leis que regem o Universo é constante e possibilita-nos o trabalho eficiente e a consequente aquisição da liberdade.

Os dias reiniciam da mesma forma, com o surgimento da luz do Sol iluminando os ambientes físicos por onde os homens se deslocam, refazendo constantemente as suas obras que, porventura, não foram edificadas de acordo com os projetos do Bem maior. Se a justiça divina, com a sua eterna imparcialidade, permite que todos os habitantes dos planetas recebam a bênção da luz e as energias emanadas do astro-rei, certamente atende aos objetivos maiores – às vezes incompreendidos –, e coloca-nos em pé de igualdade em relação ao aprendizado necessário às transformações naturais do Universo.

A gênese do aprimoramento espiritual ocorre com a aquisição consciente dos conhecimentos na aplicação prática dos mesmos, obedecendo à disciplina rígida que ordena os sistemas e permite-nos observar e colher com alegria os frutos do sucesso após a ação do trabalho profícuo. Progresso e trabalho construtivo caminham juntos desde o início do Universo, demonstrando como é ilógico nos afastarmos dos nossos deveres, impostos com a finalidade essencial de desenvolver a inteligência dos homens.

Queiramos ou não, desejemos ou não, a dádiva do trabalho coopera para o desenvolvimento das aptidões humanas, as quais carregamos em nível subconsciente, mas que aflorarão dentro das necessidades de progresso de cada um e de acordo com a vontade sincera de alcançarmos o domínio das leis regentes dos dinamismos material e espiritual. Por isso, a cada novo dia, renovam-se as chances de repesarmos as ideias e os atos, repetindo-se também as oportunidades de reciclá-los e modificar as rotas desajustadas.

A liberdade do Homem é soberana e direcionada de acordo com as suas vontades e os seus níveis de conhecimento, ligando-o, porém, às consequências das suas escolhas. Há milênios, mesmo observando os movimentos dos planetas e os exemplos da própria natureza, deliberadamente deixamos de copiar suas lições vivas e nos embrenhamos nas florestas das dúvidas, enredando-nos nos cipoais das dores torturantes, de onde seremos resgatados pela Verdade o pelo Amor. Poderíamos colher bem mais das semeaduras se desenvolvêssemos a virtude da humildade e seguíssemos os indicativos e os exemplos do próprio Universo, com as suas leis imutáveis.

Falta-nos, portanto, o respeito às orientações precisas e aos modelos seguros que nos alcançam e até aborrecem pela insistência, pois são apresentados todos os dias, pacientemente. Mas somos surdos e cegos a esses exemplos, porque assim nos tornaram o egoísmo e o orgulho. Devemos descer do pedestal em que falsamente pensamos viver bem e renovar a fé no dia de amanhã, quando teremos várias horas para preencher com pensamentos e ações construtivas, plantando no coração de todos, com sabedoria, as maiores necessidades humanas: a união fraterna e o Amor.

Entretanto, para alcançarmos tal intento, os nossos projetos deverão ser elaborados com sensibilidade, reconhecendo que todos nós temos as mesmas preocupações, vivemos as mesmas angústias e caminhamos na mesma direção. Nem todos terão acesso imediato à verdade iluminadora das consciências, mas se criarmos a união verdadeira, detalhada no Livro da Vida, o Evangelho, o Amor propiciará os momentos de gratidão e de valorização igual de todos, facilitando o trabalho coletivo na seara divina.

Reconheceremos em cada novo dia o valor exato da chance de plantarmos o certo e reavaliarmos os erros, corrigindo as anomalias e os desvios nas nossas rotas para a felicidade.

40
ENCARNAÇÕES E CORREÇÕES

As reencarnações nos permitem estudar o passado, trabalhar no presente e acreditar num futuro de grandes realizações.

Enquanto o Homem estiver escravizado pelos vícios do corpo físico, jamais conseguirá observar além dos valores e dos brilhos que, advindos dos objetos manuseados, inebriam os seus sentidos e atordoam as suas percepções espirituais.

Quando alguma tristeza ou dor faz morada nas nossas vidas, certamente no passado existiram desequilíbrios e forças capazes de represarem as consequências das escolhas pelo tempo necessário ao franco entendimento dos fatos geradores dos desassossegos. Somos consumidos pelas angústias e lágrimas que cobram a atenção e a vigilância da nossa alma chorosa para não repetirmos com tanta constância as mesmas falhas e nem os erros causadores das falências vivenciais.

Pela bondade divina, são repetidas as chances, nas generosas formas de convites claros ou de colheitas pobres e minguadas. Na certeza da semeadura consciente, residem os momentos aparentemente mágicos de felicidade, que são dependentes das nossas criações individuais.

Deslizes e erros, por menores que sejam, se não corrigidos logo, redundarão, por descuido, ignorância ou escolha consciente, em desvios nos programas reencarnatórios, adiando o reajustamento à Lei Divina por largo período de tempo, mas jamais deixarão de ser cobradas as rearmonizações espirituais e morais propostas e aceitas pelos grupos em resgate dos enganos cometidos anteriormente.

A falta de informações precisas sobre as leis regentes das nossas existências, aliada aos sentimentos equivocados e somada às interferências dos Espíritos desencarnados, antigos desafetos, originam os climas propícios aos desencontros afetivos. Abrem também precipícios profundos, afastando-nos das benditas chances de nos perdoarmos, de nos unirmos, de erguermos a bandeira do verdadeiro amor e nos tornarmos fortes.

Quando permitimos que as invigilâncias sejam alimentadas por forças exteriores, perdemos tempo e criamos distâncias aparentes para nos afastarmos daquelas oportunidades anteriormente solicitadas ao Criador que, por concessão divina, carregamos conosco para serem despertadas quando o grupo envolvido no resgate amadurecer e desenvolver a possibilidade do reencontro com vistas ao perdão fraterno.

Como se trata da espécie humana, não esperemos, nestes casos, uma unanimidade geral, um grande perdão, mesmo reinando grande alegria no momento dos reencontros. Algumas mazelas ainda teimarão em permanecer, porque os sentimentos de cada integrante serão regidos pelas consciências individuais, cada qual no seu patamar de compreensão natural.

Agradeçamos ao Deus-Amor quando e se ocorrerem essas raras reuniões, cuja maioria dos presentes já sente vibrar o coração no ritmo dos sons e sentimentos celestes, aceitando os convites que percorrem os tempos e os espaços, despertando as consciências adormecidas pelos torpes sentimentos de ingratidão, egoísmo e ciúmes. Rezemos todos para atrairmos aqueles desgarrados das veredas da felicidade, que são peças importantes e imprescindíveis para a formação do quebra-cabeça denominado Família Espiritual.

As bênçãos do Alto são conferidas aos pobres de espírito, aos que têm fé inabalável e acreditam sempre na justiça divina. A fé remove todas as montanhas das complicações dos caminhos espirituais.

EPÍLOGO

A atenção e o carinho foram expoentes pré-concebidos para atender a necessidade de relembrar e informar sobre os caminhos seguros e as decepções humanas. Com pensamentos claros e direcionados aos corações dos leitores, colaboram para manter acesa a chama do Amor Crístico e iluminar o amanhã.

O futuro está "em aberto", esperando pelas nossas decisões para se transformar em um campo de colheitas de paz.

Se escolhermos trabalhar os valores positivos expostos nestas páginas, por certo sentiremos a bondade em nossas mãos e agradeceremos a Deus, reconhecendo-nos como seareiros da felicidade.